Irmtraud Tarr Krüger

Das Leben meint es gut mit dir

HERDER / SPEKTRUM
Band 4786

Das Buch

Gute Laune, Optimismus, ein strahlendes Gesicht: Wenn es uns gut geht, begegnet uns auch die Welt freundlich. Fühlen wir uns gut, dann gewinnen auch die kleinen Widrigkeiten des Alltags keine Macht mehr über uns. Man kann sich Oasen des Wohlbefindens selber schaffen. Irmtraud Tarr Krüger weiß, wie das geht. Sie hat in diesem Buch praktische Ideen und Tips aus ihrer langjährigen Erfahrung zusammengestellt. Es sind einfache, aber wirksame Anregungen, die Seele und Körper gut tun: einfache Übungen und Imaginationen, die kleine Wunder wirken. Sie dauern nicht länger als fünf Minuten und kosten kaum etwas. Sie setzen neue Energien frei. Man muß nicht auf den nächsten großen Urlaub warten und von der Karibik träumen, sondern kann Inseln des Behagens auch im Alltag finden. Sich Wohlfühlen im ganz normalen Alltag, das heißt: den Zauber des Augenblicks genießen, die eigenen Bedürfnisse wahrnehmen, das Gewohnte mit neuen Augen sehen und sich jeden Tag ein bißchen selbst verwöhnen. Statt Alltagsfrust: Lebenslust.

Dic Autorin

Irmtraud Tarr Krüger, Dr. phil., ist Psychotherapeutin und Musiktherapeutin in eigener Praxis in Rheinfelden. Sie ist außerdem Konzertorganistin und Autorin mehrerer erfolgreicher Bücher. Bei Herder/Spektrum: Vom leichten Glück der einfachen Dinge (Band 5024) und Schutzengel – Boten aus dem Raum der Seele.

Irmtraud Tarr Krüger

Das Leben meint es gut mit dir

Anregungen zur Lebenslust

Herder

Freiburg · Basel · Wien

Gedruckt auf umweltfreundlichem,
chlorfrei gebleichtem Papier

Originalausgabe

Herstellung Freiburger Graphische Betriebe
Umschlaggestaltung: Joseph Pölzelbauer
Umschlagmotiv: © ZEFA Visual Media GmbH
ISBN 3-451-04786-1

*Gewidmet meiner Schwester Ingrid
und meinen Freundinnen, die mich
immer wieder daran erinnern, wie gut
das Leben es mit mir meint.*

Inhalt

Vorwort

„Wir verlieren jeden Tag alles. Es ist gut, Dinge zu verlieren. Denn es ist schwer, alles zu behalten. Ich habe täglich einen Tag verloren", philosophierte der Schauspieler Gérard Depardieu. Natürlich verlieren wir jeden Tag ein Stückchen Lebenszeit, aber wir können auch an jedem Tag etwas gewinnen, wenn wir ihn achtsam und mit offenen Sinnen erleben. Die Kapitel in diesem Buch wollen Sie zur Aufmerksamkeit für die guten, erfüllten und nachdenklichen Momente des Tages anregen. Ich wünsche Ihnen, daß Sie möglichst viele Tage „gewinnen".

Die Texte zeigen, was ich hie und da gefunden habe, was mir hilfreiche Einsicht war, was mir Freude machte, was mir half, was mir Quellen erschloß, was mir einleuchtete und was ich im Ringen um mein eigenes Wohlbefinden entdeckt und entwickelt habe. Sie sind von meiner Arbeit als Psychotherapeutin und Musikerin und von meiner Liebe zum Seelischen und Leiblichen geprägt. Beim Schreiben dieses Buches habe ich oft an all jene unter meinen Freunden und Bekannten gedacht, die – ähnlich wie ich – auch bei gefüllten Terminkalendern nach praktikablen Methoden und Wegen suchen, mehr für sich und ihr Wohlbefinden zu tun. Meine Hoffnung ist, daß Sie die Palette der verschiedenen Anregungen mit spielerischem Ernst angehen und dabei entdecken, wie man der kleinen Schwester vom Glück – dem Wohlbefinden – auch durch kleine Schritte begegnen kann. Vielleicht finden Sie dabei ein Stück Urlaub von der Hetze des täglichen Lebens, ein Quentchen Wohlsein oder Hoffnung und den Blick für die schönen Seiten des Lebens. Wenn darüber hinaus mehr Lachen und Liebe in Ihr Leben einkehren, dann haben Sie die wichtigsten Schlüssel zur Selbstbefreiung.

Dostojewski schrieb: „Einen neuen Schritt zu wagen, ein neues Wort zu äußern ist das, was die Menschen am meisten fürchten." Doch auf der anderen Seite ist es aufregend und belebend, über seine selbst gesteckten Grenzen hinauszugehen. Neues ausprobieren. Kann nicht jeder, der gehen kann, auch tanzen? Jeder, der lesen kann, auch kochen? Jeder, der sprechen kann, auch singen oder spielen? Unsere Gespräche werden vitaler, wenn wir darüber reden, was uns gut tut, Freude macht und inspiriert. Man muß es nur tun.

In der Bibel steht: „Liebe deinen Nächsten wie dich selbst." Leider tun wir genau das. Wie traurig für den lieben Nächsten, wenn viele es so schwer haben, sich selbst zu lieben und anzunehmen! Eine Absicht dieses Buches ist es, sich gegenseitig durch dunkle und schwierige Gefühle zu begleiten. Wenn wir es uns selbst gestatten, die Größe unseres Herzens zu erfahren, werden auch die Herzen unserer Nächsten offener und weiter. Wir können zwar nach Indien reisen, Rückführungen in frühere Leben machen, die Astrologie befragen. Aber geschieht das, wonach wir uns sehnen und suchen, nicht gerade hier und jetzt? Ich habe mich mit den gewöhnlichen Ereignissen des Lebens befaßt, weil mir daran liegt, die vielen kleinen täglichen Wunder, die uns umgeben, mehr wahrzunehmen. Jede Erfahrung gibt uns Gelegenheit, das, was in und um uns herum geschieht, mit neuen Augen zu sehen. Mein Schwatz mit den Marktfrauen ist mittlerweile zum Kochunterricht geworden. Manche der im Buch erwähnten Rezepte stammen aus solchen Begegnungen. Mein Warten auf die ewig verspäteten Züge oder Flugzeuge hat mich inspiriert, über Einstellungen zu Widerfahrnissen nachzudenken, aus denen wir Erfahrungen schöpfen können. Den Titel des Buches „Das Leben meint es gut mit dir" könnte man als Mantra für alle Lebenslagen nehmen. Am glücklichsten sind wir, wenn wir uns dem, was das Leben bietet, offen, positiv, flexibel und vertrauensvoll nähern. Am wohlsten fühlen wir uns, wenn wir all das, was wir tun, mit Leib und Seele tun, selbst wenn es sich nur um Banales wie Geschirrspülen handelt. Auch wenn man mit schwer zu lösenden Problemen konfrontiert oder von großem Kummer überwältigt ist, gibt es keinen Ausweg, nur den Weg mittendurch. Gerade in solchen Situationen brauchen wir Vertrauen in unsere Entwicklung, Vertrauen in die eigenen Rhythmen, in das, was trägt und weiterhilft. Gelingt es, Vertrauen zu finden oder stellt es sich ein, so können wir mit schwierigen und dunklen Erfahrungen besser umgehen. Selbst wenn man sich manchmal nur mit der einfachen Botschaft trösten kann: Auch das geht vorbei!

Die Spirale auf dem Cover des Buches symbolisiert für mich den Weg sowohl ins Dunkle als auch ins Licht. Nach dem Weg durch das Dunkle bedarf es einer Ge-

genbewegung, ein Sich-Umdrehen. Wenn man sich diesen Linien überläßt, spürt man, daß sie ein Symbol der Hoffnung sind. Das Verweilen im Zentrum führt zum Weg ins Freie und ermöglicht einen Neuanfang. An welche Idee Sie sich auch heranwagen, vielleicht hält sie Neues für Sie bereit.

Sich dem Leben öffnen

Den eigenen Raum einnehmen

Wer seinen eigenen Raum einnimmt, befindet sich auf eigenem Herrschaftsgebiet. Niemand darf dort eindringen, hineinreden oder Vorschriften machen. Den eigenen Raum einnehmen, heißt präsent sein. Das fängt bei Kleinigkeiten an. Mit einem Blick wirklich hinschauen, auf eine Person, auf einen Gegenstand, in einen Raum. Auf beiden Füßen stehen, sich frei bewegen und die Stimme so tönen lassen, daß sie den Raum füllt und gehört wird. Den ganzen Körper bewohnen und den Atem bis an die Körpergrenzen ausdehnen.

Den eigenen Raum einnehmen heißt auch, den eigenen Impulsen, Intuitionen, Wünschen und Gedanken zu vertrauen, auch wenn sie von anderen abgewertet oder belächelt werden. Sie gelten nur für mich, und das ist meine Sache. Den eigenen Raum einnehmen, heißt nämlich auch, ihn zu schützen. Selbst wenn andere dies oder jenes raten. Es bleibt immer uns selbst überlassen, was wir davon annehmen oder eben nicht. Auch wenn es unvernünftig oder leichsinnig erscheint. Niemand kann uns dazu zwingen, vernünftig zu sein, es sei denn wir selbst. Uns bleibt es überlassen, ob wir verrückt, irrational oder komisch sein wollen. Die Kehrseite der

Medaille ist aber, daß wir uns dann nicht mehr beklagen und andere für schuldig erklären können. Wenn wir unseren Raum wirklich selbst gestalten und schützen, wie unerfahren oder ungeschickt auch immer: Er ist unsere ureigene Schöpfung.

Was heißt das nun konkret, den eigenen Raum einzunehmen? Das kann beispielsweise bedeuten, daß ich mich nicht ständig rechtfertige oder entschuldige. Selbst wenn ich Fehler gemacht habe, beispielsweise zu spät gekommen bin, braucht es meist keine großen langatmigen Erklärungen. Das kann auch heißen, daß ich nicht jede Frage, Kritik oder jedes Lob annehmen muß, sondern selbst entscheide, worauf ich eingehe oder was ich annehme. Den eigenen Raum einnehmen, hat mit Achtung zu tun. Ich achte mich selbst und will geachtet werden, und ich achte auch die anderen. Der eigene Raum umfaßt nicht nur meine eigene Geschichte, Verletzungen, Vorlieben, Begrenzungen, Sehnsüchte, Ängste, Träume, Visionen; er wird auch markiert durch meinen Körper, meine Stimme, meinen Blick, mein Gehör, meine Haut, meine Bewegung, meinen Atem. Den eigenen Raum wahrnehmen, heißt ganz da sein, sich nicht rechtfertigen, entschuldigen, sich nicht kleiner oder größer, dünner oder dicker machen als man ist. Es heißt, im eigenen Kraftfeld zentriert, gelassen und schlicht anderen begegnen. Nicht mehr und nicht weniger.

Der eigene Raum kann schrumpfen durch mangelndes Selbstbewußtsein, durch Kritik, mangelnde Sorgfalt oder ängstliche Wahrnehmung persönlicher Schwächen oder Mängel. Oft braucht es nicht viel, und wir nehmen uns zurück, atmen nur noch flach, lassen die Schultern hängen und spüren die Füße nicht mehr auf der Erde. Eigentlich will man etwas sagen, aber die Stimme versagt, man ist ertappt oder angegriffen worden, man hat eine schlechte Arbeit abgeliefert, oder man sieht furchtbar aus und hat wieder einmal zugenommen. Dann geschieht es leicht, daß man sich kleiner fühlt oder sich seinen Raum nehmen läßt. Oft scheint es, als würde der persönliche Raum hauptsächlich von außen festgelegt. Aber das stimmt nicht. Erst wenn wir die Bälle, die von außen auf uns prallen, annehmen, schrumpft unser Raum. Solange wir die Begrenzungen oder Zumutungen, die von außen auf uns treffen, nicht innerlich annehmen, kann uns niemand unseren Raum wirklich nehmen. Wenn wir natürlich selbst sagen, ich bin nicht gut genug, nicht klug genug, nicht hübsch genug, verlieren wir an Raum und verkleinern ihn selbst.

Zur Vertiefung des eigenen Raumes schlage ich eine grundlegende Wahrnehmungsübung vor: Schließen Sie die Augen und spüren Sie den Kontakt zum Boden. Wie stehen Ihre Fußsohlen auf dem Boden? Wandern Sie in das linke Bein, Knie, Oberschenkel und Hüften und dann in das rechte Bein. Nehmen Sie einfach wahr, wie Sie stehen. Wie ist Ihr Standpunkt heute? Spüren Sie Ihren eigenen Raum?

Sich selbst bemuttern

Seelischem Hunger kann jeder letztlich nur für sich selbst stillen. Liebesbeziehungen können zwar aufbauend und nährend sein, sie können uns inspirieren und uns auf unserem Lebensweg wichtige Dinge vermitteln, aber letztlich sind wir mit unseren kindlichen Bedürfnissen immer auf uns selbst zurückgeworfen. Es ist mitunter schmerzlich, aber auch heilsam zu lernen, daß es nicht möglich ist, die entgangene Liebe der Kindheit nachträglich noch zu bekommen. Der tröstliche Satz: „Und wenn du glaubst, es geht nicht mehr, kommt von irgendwo ein Lichtlein her", stimmt vielleicht für viele Kinder, aber als Erwachsene müssen wir uns selbst hin und wieder ein „Lichtlein" entfachen.

Was heißt es nun, sich selbst zu bemuttern? Sich selbst eine gute Mutter sein? Den eigenen nährenden Instinkten zu trauen? Eine gute Mutter stillt ihr Baby, wenn es hungrig ist, und nicht nach einem vorgegebenen Zeitplan. Sie erlaubt dem Kind zu weinen, wenn es traurig ist; zu schlafen, wenn es müde ist. Damit bestärkt sie das Kind, auf seine inneren Botschaften zu hören und lehrt es damit Selbstvertrauen. Vielen ist dieser mütterliche Instinkt abhanden gekommen, „Sichbemuttern" kann daher zunächst einmal heißen, sich selbst das zugestehen, was man anderen so selbstverständlich an Fürsorge schenkt. Etwas von der Energie, die man anderen zur Verfügung stellt, sich selbst zugute kommen zu lassen, ist ein wichtiger erster Schritt. Manchmal genügt es schon, wenn man sich selbst gut zuredet oder auf die Schulter klopft, um seinem Mitgefühl für sich selbst Ausdruck zu geben. Aber wenn man merkt, nichts geht mehr, alles ist zuviel, dann braucht man mehr Zuwendung. Ein wohliges Schaumbad, ein köstliches Essen, Blumenschmuck, eine wohltuende Musik oder eine aufbauende Lektüre können hier ihr Gutes tun. Oft ist gar nicht viel notwendig, um gut für sich selbst zu sorgen – ein bißchen Wärme, Wasser, Bewegung oder frische Luft. Und wenn alles nichts nützt, dann ist es immer noch gesünder zu weinen, als den Schmerz in sich hineinzufressen.

Brauchen Sie ein wenig mütterliche Fürsorge, dann unternehmen Sie etwas, das Ihrem Körper guttut. Suchen Sie einen Kosmetiksalon auf und lassen Sie sich pflegen, maniküren, pediküren. Oder lassen Sie sich von Ihrem Friseur mit einer neuen Frisur verschönern.

Eine meiner Lieblingsbeschäftigungen, um mir selbst etwas Gutes zu tun, ist das Beerensammeln. Je nach Jahreszeit gehe ich in den Wald und pflücke Walderdbeeren, Heidelbeeren, Himbeeren oder Brombeeren. Ich sammle, träume vor mich hin, und dabei kommen mir oft die besten Gedanken. Mein Ausflug in die Beerenfelder bringt mich nicht nur der Natur und der Erde näher, er tut auch dem Vitaminhaushalt gut und gibt das Gefühl, etwas getan zu haben, was Spaß macht und der bedürftigen Seele guttut. Wenn ich genügend Beeren gesammelt habe, dann reicht es manchmal für ein paar kleine Gläser frischer Beerenmarmelade, die ich gern mit anderen teile, so daß sie auch ein wenig Bemutterung erfahren.

Der Trägheit entgehen

Sich verwöhnen, es sich bequem machen, ist etwas Wunderbares, aber es gibt auch hier eine Schattenseite – die Trägheit. Sie ist verführerisch, bequem und entgegenkommend. Jeder kennt sie. Morgens, wenn man nicht in die Gänge kommt, die betäubende Passivität des Fernsehens, das Sich-Drücken und Ausweichen, die tagtägliche Routine oder Faulheit, um gerade irgendwie über die Runden zu kommen. Es ist ein Widerstand, tätig zu werden. Sowie man dies erkennt, kann man die Trägheit mit Bewegung konfrontieren. Unser Körper wurde geschaffen, um uns zu bewegen, zu werden, zu schaffen, etwas zu tun. Auch Bewegung ist für Menschen etwas Natürliches, man muß nur anfangen, sich zu bewegen. Tanzen kann man selbst in der kleinsten Wohnung. Es gibt kaum eine lustvollere Art, seine Energie in Bewegung zu versetzen, als das Tanzen.

Und so beginnt man: Man streckt sich, dreht sich, beugt sich und überläßt sich den spontan aufkommenden Körperrhythmen, mit oder ohne Musik, mit oder ohne Stimme. Wie ein Katalysator wirken diese Bewegungen, und fast unmerklich münden sie in einen eigenen Tanz, ohne vorgegebene Schritte, einfach so wie es einem gerade zumute ist. Wenn sich einiges aufgestaut hat und Sie diese Gefühle loswerden wollen, können Sie Ihren Tanz auch ein bißchen anfeuern: stampfen mit den Füßen, wilde Laute von sich geben, toben, hopsen, herumspringen – einfach alles zulassen, was Ihren momentanen Gefühlen entspricht. Versuchen Sie immer mit

Ihrem Körper in Verbindung zu bleiben und zu spüren, wie es sich anfühlt, all das zu tun.

Sie können Ihre Trägheit auch ohne Musik tanzen. Spüren Sie Ihre Bewegungslosigkeit, Ihre Erstarrung, bis sie in etwas Neues hineinmündet. Sie werden spüren, daß sie sich in ein Feld fließender Energie verwandelt.

Auch jeder, der läuft oder joggt, kennt die Erfahrung des Ausbrechens aus der Bequemlichkeit. Anfänglich ist es vielleicht ein wenig mühsam, man bekommt vielleicht ein bißchen Muskelkater, aber im Lauf der Zeit wird das Laufen immer natürlicher empfunden. Man fühlt sich ausdrucksvoller, energievoller und ist sogar stolz darauf, daß man der trägen Energie des Herumliegens etwas entgegengesetzt hat.

Hilfreich für den Umgang mit Trägheit und Bequemlichkeit ist, sich zu fragen: Was brauche ich wirklich? Brauche ich wirklich eine Tasse Kaffee, obwohl ich weiß, daß mir ein flotter Spaziergang besser bekäme? Brauche ich wirklich noch ein Glas Wein, obwohl ich weiß, daß ich mich morgen mit einer Katerstimmung herumschlagen muß? Was kehre ich unter den Teppich? Was gärt in mir, ohne daß ich es herauslasse? Es gibt unzählige Gründe, die dazu führen, daß wir uns mit etwas belohnen, was uns eher schadet. Gewohnheit, Angst vor dem Unbekannten, Erwartungsdruck. Wenn es Ihnen so geht, dann ziehen Sie sich an einen ruhigen Ort zurück und stellen sich die magische Frage: Was brauche ich jetzt wirklich? Es macht nämlich einen großen Unterschied zu fragen: Was will ich? im Gegensatz zu: Was brauche ich? Die Stimme der

Trägheit will daheim sitzen, faul sein, bequem sein, zuschauen, jetzt „haben". Während die Stimme des „Ich brauche" uns mit dem Teil in Verbindung bringt, der instinktiv weiß, was uns guttut. Gibt es vielleicht Dinge, die Sie schon lange einmal tun wollten, aber immer wieder aufgeschoben haben? Dann tun Sie sie jetzt. Geht Ihnen die Hausarbeit auch manchmal auf die Nerven? Überlisten Sie sich mit einem ausgefallenen Arbeitsoutfit – geblümte Hosen oder ein freches T-Shirt. Legen Sie sich Musik auf, und füllen Sie dabei Ihre Banküberweisungen aus. Oder bitten Sie eine gute Bekannte, Ihnen zu helfen, und helfen Sie ihr im Tausch bei etwas anderem, das ihr schwerfällt. Lästige Pflichten kann man nämlich durchaus mit etwas Phantasie, Witz und Pfiff angenehmer gestalten.

Aha-Momente

Archimedes, der griechische Naturforscher, soll, als er die Lösung hatte, aus der Badewanne gesprungen sein, den Ruf „Heureka!" auf seinen Lippen. Archimedes' Entdeckung steht heute in allen Schulbüchern, daß nämlich ein Körper, den man in Wasser eintaucht, um genau so viel leichter wird, wie das Wasser wiegt, das er verdrängt. Diese Geschichte ist ein schönes Beispiel dafür, was sich in einem Menschen abspielt, wenn er einen unerwarteten schöpferischen Gedanken hat: Er ist einfach hingerissen von diesem Aha-Moment. Der Prozeß, den wir kreatives Denken nennen, liegt nach wie vor im dunkeln. Das beginnt schon bei der Frage, woher neue Ideen überhaupt kommen. Wie gelingt es, die eigenen Gedanken neu zu ordnen, so daß etwas Neues hervorkommt? Neue Ideen sind letztlich nie ganz neu, sie werden geschöpft aus dem, was uns umgibt, andere Menschen, die uns umgebende belebte und unbelebte Welt. Sie liefern uns ständig Material, das wir für unsere Ideen und Vorhaben als Impulse verwerten können. Haben Sie schon einmal erlebt, wenn Sie an der Arbeit für ein bestimmtes Projekt waren, wie die Dinge um Sie herum sich Ihnen geradezu aufdrängen und nach Ihnen rufen, um Ihnen bei Ihren Projekten hilfreich zu sein. Es scheint, als würden einem lauter Zufälle wie magnetisch vor die Füße fallen, die alle irgendwie mit dem zu tun haben, was man gerade sucht. Das können Bücher, Zeitungsartikel, Radiosendungen, Gespräche oder Begegnungen sein, die allesamt eine verblüffend ähnliche Ausrichtung haben mit dem, worauf man gerade nach Antworten sucht. Diese kleinen Wunder geschehen aber nur, wenn wir uns von ein paar lieb gewordenen Vorstellungen über das, was wir unter anständiger Arbeit verstehen, lösen können. Vergessen Sie einmal alles, was mit Disziplin, schweißtreibender Schinderei, Peinigung, Quälerei und strenger Disziplin zu tun hat. Gestatten Sie es sich, etwas Unvernünftiges zu riskieren, ein bißchen faul, unbekümmert, chaotisch und ungeschickt zu sein. Und vor allem: Haben Sie keine Angst vor Fehlern. Tagträumen Sie, gehen Sie spazieren, fahren sie mit dem Bus, kochen Sie oder backen Sie einen Kuchen, gehen Sie in ein Café, oder nehmen Sie ein warmes Bad. Lauter Dinge, die Sie vielleicht mit dem Etikett „Ineffizienz" oder Zeitverschwendung versehen. Das ist nämlich der springende Punkt: Kreativität heißt, sich immer wieder auf neues, unvertrautes Gebiet zu begeben. Hilflos und verspielt zu sein, die sicheren Fährten und Gewohnheiten zu verlassen, automatische Abläufe zu durchbrechen, Närrisches zu wagen, um wieder etwas von der spielerischen Leichtigkeit und der Neugier eines Kindes zurückzuerobern. Von Pablo Picasso stammt der treffende Ausspruch: „Jedes Kind ist ein Künstler. Das Problem ist nur: Wie bleibt es ein Künstler, wenn es groß wird?"

Auch wenn wir uns bewußt mit anderen Dingen beschäftigen, läßt unser Unbewußtes jene Fragen, die uns bewegen, nicht los. Ohne, daß wir es merken, arbeitet es im Verborgenen weiter. Vielleicht haben Sie schon die Erfahrung gemacht, daß Sie ein bestimmtes Musikstück, das sie gut beherrschten, nach den Ferien plötzlich viel besser spielten, weil es ohne Ihr Zutun in Ihrem Unbewußten sozusagen weitergeübt hat. Wie oft passiert es mir, daß ich mich mit einer bestimmten Formulierung herumplage, mich an mein Instrument begebe, und während des Übens taucht plötzlich die Lösung auf. Vielleicht sind wir ja, solange wir unbewußt denken, viel bessere Problemlöser. In den tieferen Schichten unseres Bewußtseins arbeitet es unablässig weiter – aber nur, wenn wir wirklich die Pausen machen und die Probleme vorübergehend loslassen, können wir wirklich kreativ sein.

Orte der Geborgenheit

Immer wieder beschreiben Menschen dieses ganz besondere Glück, daheim im Wald zu spazieren. Der Wald der Kindheit oder der Jugend ist wie ein Zeuge aus einer anderen Zeit, in der das Leben anderen Rhythmen folgte und anderen Gesetzen gehorchte. Im Wald daheim machten wir die erste Erfahrung „Wald". Dort erlebten wir den Anschluß an die Heimat draußen. Als Kinder kannten wir jede Bank, jede Wiese, jeden Pfad, jedes Bächlein. Wir hatten die Zeichen des Wetters zu lesen gelernt, den Himmel, die Wolken, die Bäume, das Verhalten der Insekten und Vögel. Walderfahrungen wurde zur Welterfahrung. Allmählich, wenn die Kindheit in Erinnerung übergeht, nimmt der Wald daheim einen ganz besonderen Zauber an. Erst später merken wir, daß das alles einmal sehr wichtig für uns war, eine Welt für sich, deren Glanz sich tief in unsere Körperzellen eingenistet hat. Diese frühen Walderfahrungen mit ihren Gerüchen, Geräuschen und Aussichten unterscheiden sich von späteren Walderlebnissen. Man kann sie eigentlich nicht vergleichen, denn später sind es andere Wälder, andere Wege, andere Wiesen. Auch sie können zu Orten der Geborgenheit und des Glücks werden, wo es ganz still in uns wird, und wir uns mit allem, was lebt, verbunden fühlen. Diese immer wieder neuen Erfahrungen machen unser Heimatgefühl aus. Wir können es überall erleben, wenn wir einmal erfahren haben wie sich unsere Seele im Wald der ersten Heimat ausgebreitet hat.

Wenn wir uns darauf besinnen, daß das alles einmal

wichtig für uns war, können wir uns immer wieder daran erinnern. Wir können im Alltag immer wieder den Anschluß an solche Erfahrungen finden.

In unserer Seele steckt ein tiefes Bedürfnis, sich auf die Umgebung auszubreiten. Geben wir ihr den Raum, so gesellt sich zu dem ursprünglichen Zauber unseres ersten Waldes immer neuer Zauber hinzu. Warum also nicht sich ernsthaft vornehmen, wieder regelmäßig und freiwillig sein Haus zu verlassen? Als Erinnerungshilfe sammeln Sie ein paar Gräser, Büschel oder Zweige, die Sie mit nach Hause nehmen und in einen Behälter stellen. Manchmal genügt ein einziger Halm. In das richtige Gefäß gestellt, ist er wie eine große Geste.

Genug ist genug

Uns alle treibt der Wunsch, besser, toleranter, stärker, klüger oder vollkommener zu werden als wir jetzt sind. Das ist menschlich und gut so, wenn da nicht die Stolpersteine und Hindernisse wären – Menschen, die uns enttäuschen, Krankheiten, finanzielle Probleme oder berufliche Schwierigkeiten. Egal worin diese Hürden des Lebens bestehen, die uns aus dem Gleichgewicht bringen, uns behindern oder belasten, es gibt ein Zauberwort, mit dessen Hilfe wir unsere Ausgewogenheit wiederfinden können: GENUG. Was geschieht, wenn wir zu uns selbst sagen? Genug. Es heißt zunächst einmal: „Ich bin gut genug. Ich habe genug. Ich habe genug bewiesen. Ich bin interessant genug. Ich bin attraktiv genug. Ich weiß genug. Meine Familie ist gut genug. Ich bin liebenswert genug. Genug ist genug." Genug sagen bringt eine Qualität ins Leben, die an friedfertige Tugenden erinnert: Zufriedenheit und Schlichtheit. Halten Sie sich vor Augen, daß es genug ist, gleichgültig wo Sie sich gerade befinden, was Sie gelernt oder verlernt haben, was Sie gesammelt, gewonnen oder verloren haben. Die Folge davon ist, es entsteht ein Gefühl inneren Friedens und der Genügsamkeit. Das heißt nun nicht, daß man darauf verzichten soll, anderes zu erreichen. Das wäre Aufgeben oder Trägheit. Genug heißt nicht, Änderungen, Anstrengungen oder Ziele zu vermeiden. Genug bedeutet vielmehr, daß man sich Zufriedenheit und gute Gefühle gestattet, ohne alles zu haben oder erreichen zu müssen. Genug hat etwas mit dem Vertrauen zu tun, daß wir zwar nicht immer bekommen, was wir uns wünschen, oder zumindest nicht in der von uns gewünschten Zeit, aber daß wir das bekommen, was wir brauchen. Genug läßt das Symbol von einem Garten aufkommen, in dessen Frieden man sein kann, wo Blumen wachsen und Gemüse angebaut wird. Leben und leben lassen, sowohl als auch, Kompromiß, klingen bei dem Wort „genug" an. Etwas Versöhnliches stellt sich ein, etwas von unvoreingenommener Geisteshaltung, die genießen kann, was man hat. Aus dieser „Genug-Haltung" heraus ist es möglich, die Ausgewogenheit zu finden, wenn die Extreme einen zur Unrast und Ungeduld drängen.

Genug sagen ist ein wirksames Mittel gegen Übertreibungen und Rechthaberei. Wer überzeugt ist, daß er genug weiß, braucht nicht immer recht haben. Vielleicht beginnt man sogar zu begreifen, daß man so wenig hat, wenn man recht behält. Auch im Umgang mit Zorn und Ungerechtigkeiten können Gedanken an das „Genug" helfen, davon abzulassen. „Ich habe nicht das bekommen, was mir zusteht, aber ich habe genug." Man wird es nicht nötig haben, Konflikte, Streit oder Rückzug heraufzubeschwören, um mehr Zuwendung und Aufmerksamkeit zu bekommen, wenn man davon ausgeht: „Ich werde genug gemocht."

Genug erinnert uns daran, daß wir der Welt nicht unseren eigenen Stempel von Perfektion und Versorgungsansprüchen aufdrücken können. Genug sagen heißt, sich selbst zu sehen, wie man ist und die anderen zu sehen, wie sie sind. Diese Einsicht hilft auch, Beziehungen zu den Menschen zu pflegen, die einem wichtig sind, sie ermöglicht das Bewältigen großer Aufgaben, ohne daß man seine Kräfte auch noch mit dem Streben nach Mehr verschwendet.

Und manchmal, wenn das Leben einfach zu viel, zu schwer, zu ungewiß oder zu freudlos ist, und es kommt ein Mensch daher, der mir zeigt, daß er an mich glaubt und mich ernst nimmt. Das ist oft genug, um wieder neue Kräfte zu schöpfen.

Einfach leben

Viele Römer werfen an Silvester etwas Altes aus dem Fenster. Da fliegen Tassen und Teller oder ausgediente Radios durch die Luft, und die Menschen haben ihre helle Freude an diesem lautstarken Vergnügen. Der Sinn heißt ganz schlicht: Weg mit dem Alten. Darin steckt natürlich auch die Botschaft: Schaffe Platz für Neues. Es ist ein gutes Gefühl, sich von Dingen zu trennen, die man nicht mehr braucht. Wenn die Dinge des Lebens ins Stocken geraten sind, wenn das Leben aus der Balance geraten ist und man vor lauter Ballast nicht mehr weiß, wo einem der Kopf steht, lautet meine Empfehlung: Trennen Sie sich von dem, was Sie nicht mehr brauchen. Das bedeutet auch, verbünden Sie sich mit der Seite in Ihnen, die in Bewegung sein will, folgen Sie ihr und strampeln Sie sich frei.

Sich von Altem zu trennen, fällt manchen vielleicht schwer, aber es gibt ein paar hilfreiche Fragen, die die Entscheidung erleichtern. Was ist mir wirklich wichtig? Was brauche ich wirklich? Was gibt meinem Leben Bedeutung? Hat diese Sache auch noch nächstes Jahr Bedeutung für mich? Diese Fragen können Sie auf alle Lebensbereiche anwenden. Tragen Sie die Kleider, in denen Sie sich wirklich wohl fühlen, und trennen Sie sich vom Rest. Das gleiche machen Sie mit Büchern, Schallplatten, CDs, Videos. Schließlich beginnen Sie sich auf die wesentlichen Bestandteile Ihres Lebens zu konzentrieren: Versuchen Sie herauszufinden, was Sie in jeder Situation und in jeder Beziehung wirklich wollen und brauchen: von Bekannten, Freunden, dem Lebenspartner, der Familie.

Sie können auch jeden Morgen damit beginnen, zu fragen: „Was ist mir heute wirklich wichtig?" Dieses morgendliche Ritual hilft, Prioritäten zu setzen und zu entscheiden, wie man seine Energien nutzen möchte.

Das erlaubt es Ihnen, trotz der Vielzahl von Aufgaben selbst zu bestimmen, was Ihnen am wichtigsten ist. Diese Ausrichtung auf das Wesentliche erlaubt es, mit weniger Gepäck durch das Leben zu reisen, und daher für jede Aufgabe oder Beziehung völlig präsent zu sein.

Wäre es nicht befreiend, wenn wir überflüssig gewordene Gewohnheiten oder fadenscheinige Träume wie die alten Römer aus dem Fenster werfen könnten? Wie heilsam wäre es, wenn wir alten Groll, quälende Ängste, Seelenschlacken und Seelenverkrustungen so einfach loswerden könnten!

Garten-Gefühle erleben

Wer einmal im Garten gearbeitet hat, weiß es: Gärtnern ist eine Lust, die alle unsere Sinne fordert. Bei den Anthroposophen heißt es sinngemäß: „Geh in den Garten, wenn du deprimiert bist." Wer einmal seine Hände tief in frische Erde getaucht, ein Blatt berührt oder einen Baum gepflanzt hat, kennt die Lust, die mit dem Gärtnern einhergeht.

Im Garten fühlt man sich geerdet, verbunden und sieht die Welt mit neuen Augen. Das Gärtnern hilft, die Welt mit den Augen eines Kindes zu sehen. Die Mischung aus Licht, Formen, Farben und Kontrasten gibt dem Auge immer neue Nahrung. Selbst eine grüne Wiese entfaltet sich als Palette von Farben, die von fast Blau bis zu beinahe Gelb reichen. Nach einem anstrengenden Tag gibt es nichts Wohltuenderes, als die Augen einfach einmal in das Grün einer Wiese einzutauchen. Die Bürden des Tages fallen wie von selbst ab – Harmonie und Verbundenheit stellen sich ein.

Ebenso können wir auch mit unserem Ohr im Garten spazieren gehen. Wie klingt das Rascheln des Windes im Gras? Das Knistern des Laubes? Oder das Flattern der Blätter? Das leise Rasseln der Mohnkapseln? Als Musiker lernt man, seinen Kopf zu drehen, um die Richtung, aus der ein Klang kommt, zu lokalisieren. Deswegen halten auch Vögel ihren Kopf schief, wenn sie eine Beute orten wollen. Auch ein Hund lauscht mit geneigtem Kopf, um den Abstand seiner Ohren zur Schallquelle möglichst groß zu machen. Lauschen Sie einmal nach den lautesten und leisesten Geräuschen, die Sie vernehmen können. Sie werden merken, jeder Garten besteht aus einer Palette unterschiedlicher Geräusche.

Auch das Schmecken und Riechen ist ein wichtiger Teil des Gartenerlebens. Wir alle kennen Gewürze und Pflanzen, die gut schmecken und riechen. Nicht nur die Kräuter und Duftpflanzen riechen, da gibt es den Geruch frischer Erde nach einem Regenfall, den Geruch von Mist im Frühjahr, der Geruch der Steine, des Mooses. All dies ist Bestandteil des Gartens, der die Sinne einlädt. In das Reich des Gartens einzutauchen, muß nicht im Befolgen gärtnerischer Regeln bestehen. Es kann durchaus ein lustvolles Sich-Einlassen auf die reiche Vielfalt der Sinne sein. Ein Sich-Nähren über sämtliche Sinne. Wir brauchen nur unserer Eingebung folgen, sie weist uns den Weg, was wir gerade brauchen.

Gehen Sie wieder einmal in Ihren Garten oder in die Natur und erleben Sie mit allen Sinnen. Was können Sie sehen? Welche Gerüche? Geräusche? Körperliche Empfindungen? Bewegungen? Spüren Sie einmal ganz bewußt die Verbundenheit mit der Welt der Natur.

Sich einer Sache hingeben

„Wir können auf dieser Welt keine großen Dinge vollbringen – wir können nur kleine Dinge mit großer Liebe vollbringen" (Mutter Teresa). Ob Sie nun Geschirr spülen, die Wäsche waschen, bügeln, Schuhe putzen, Ihr Kind zur Schule bringen, ein Buch schreiben oder einen Vortrag vorbereiten, jede Handlung, die Sie mit Aufmerksamkeit, Liebe und Hingabe erfüllen, wird mühelos, leicht und erhält eine gewisse Grazie, weil Sie sich darauf einlassen. Dies beginnt mit dem Entschluß, ganz gezielt nur eine einzige Sache auszuführen. Versuchen Sie sich einmal ausschließlich auf eine Sache zu konzentrieren, sei das nun ein Telefonat, ein Brief, das Gießen der Blumen, das Gespräch mit Ihrem Liebsten. Seien Sie ganz präsent in dem, was Sie gerade tun, als wäre es das Wichtigste in diesem Moment. Sie werden drei Dinge bemerken: Wenn Sie sich Ihrer Tätigkeit voll widmen, macht sie mehr Freude. Da Sie nicht abgelenkt sind, wird Ihre Tätigkeit interessanter und konzentrierter. Sie werden alles viel rascher und effizienter bewältigen, da Ihre Energien frei fließen dürfen und die Blokkaden verschwunden sind.

Wenn wir im Einklang und in Übereinstimmung mit unserem Tun stehen, werden selbst lästige Aufgaben einfacher und anstrengungsloser. Wenn es uns gelingt, sie in Gelegenheiten umzudeuten, liebevoll, feinfühlig und geduldig mit den Dingen dieser Welt umzugehen, dann bekommen sie eine andere Bedeutung. Sie sind nicht mehr lästige Pflichten, sondern werden zu Herausforderungen, Eigenschaften in sich selbst zu entwickeln. Und wenn es nur das Lernen von Geduld ist. Ob man es nun beim Jäten, beim Bügeln oder beim Einkaufen übt, ist letztlich zweitrangig. Hauptsache, man bekommt einen Blick für die verschiedenen Gelegenheiten, die man als Lernchancen für sich selbst umdeuten kann.

Aufgaben, die wir uns zu eigen machen und als zu uns gehörig betrachten, erhalten einen bestimmten Zauber und eine Ausstrahlung, die vergleichbar sind mit dem Zauber des hingebungsvollen Spieles eines Kindes, das sich noch unbefangen und neugierig in sein Tun versenken kann. Friede und Freundlichkeit werden in ihre Wohnung einkehren, wenn Sie Ihre Aufgaben ohne Ablenkung annehmen als das, was sie sind: eine der vielen Möglichkeiten, die Liebe zu sich selbst und den Dingen zu praktizieren.

Lächeln

Ist Ihnen schon aufgefallen, daß Sie, wenn Sie jemandem ein Lächeln schenken, auch bei sich selbst positive Veränderungen feststellen? Sie sind plötzlich besser gelaunt, entspannter und empfinden vielleicht so etwas wie ein kleines Glücksgefühl. Lächeln entspannt und harmonisiert unsere Beziehungen. Man könnte sogar sagen, es stellt sie her. Sie können das ganz einfach ausprobieren: Lächeln Sie einmal einen Fremden oder einen Obdachlosen an, sei es auch nur die Andeutung eines Lächelns.

Im Austausch des Lächelns werden Gemeinsamkeiten nicht nur geschaffen und bekräftigt, sie werden auch gestaltet. Zum Lächeln gehört zwar Geschick, aber es schleicht sich leicht Unehrlichkeit ein, wenn man versucht, es zu produzieren. Lächeln kann nur Wärme erzeugen, wenn es spontan und ohne Berechnung geschieht. Aber es will auch gekonnt sein, denn eine geschickte Art des Lächelns vermag vieles zu bewirken: Sie überbrückt Differenzen, Spannungen, Uneinigkeit, ohne sie zu leugnen, sie schafft freundlichen Kontakt, auch dort, wo er gefährdet scheint. Lächeln ist ein notwendiges Geschick, das zum gelingenden Umgang mit anderen und sich selbst beiträgt. Ein lächelnder Blick ist wie ein Wink, der den anderen einlädt, ihn einbezieht und ihm das Gefühl von Zugehörigkeit vermittelt. Im Lächeln drücken wir Wertschätzung aus, deswegen wirkt es wie ein Verstärker. Es stärkt uns nicht nur selbst, wenn wir es schenken, sondern auch den anderen, der sich dadurch bestätigt fühlt. Wir alle wollen uns im Lächeln bestätigt fühlen. Was nützen Ruhm, Bewunderung, Ehrungen, wenn die zustimmende Wärme des Lächelns im Leben ausbleibt? Besonders Kinder und alte Leute verlangen nach dem lächelnden Blick, der sie einbezieht.

Aber auch unser eigener Körper wird es uns danken, wenn wir ihn hin und wieder mit einem Lächeln würdigen. Bevor Sie abends ins Bett gehen, können Sie ein kleines Ritual ausführen. Wenn Sie Ihren Körper oder die Zähne reinigen, richten Sie Ihre Aufmerksamkeit auf die jeweiligen Organe, die Ihre Aufmerksamkeit am meisten benötigen, und lächeln Sie ihnen zu und bedanken Sie sich bei ihnen für ihre treuen Dienste. So wie die Mitmenschen, die Pflanzen und Tiere beschenkt und verwandelt werden durch unser Lächeln, so wird auch unser Körper heimischer für uns, wenn wir ihm ab und zu ein Lächeln schenken.

Wenn Sie das nächste Mal in einer langweiligen Besprechung sitzen, probieren Sie es doch einmal mit einem nach innen gerichteten Lächeln. Versuchen Sie, etwas Amüsantes oder Komisches an der Situation zu finden. Und probieren Sie, die Situation mit den Augen eines Kindes zu sehen. Vielleicht genießen Sie die Komik der Situation wenigstens innerlich.

Das Gute am Lächeln ist, daß es oft möglich ist, sich inmitten von Streß oder Chaos eine einigermaßen spielerische Einstellung zur Situation zu bewahren. Dieser Gedanke läßt mich an das Motto einer amerikanischen Anstecknadel denken: „Es gibt Fehler, die zu schön sind, um sie nur einmal zu machen!" Eine spielerische Einstellung, gepaart mit einem entwaffnenden Lächeln, ist immer noch einer der kostbarsten Beiträge im Umgang mit eigenen Fehlern und denen der anderen.

Freundlich sein

Stellen Sie sich folgende Situation vor: Zwei Männer, die beide auf ihren Fahrrädern fahren, rempeln sich an, und beide stürzen vom Rad. Ihre Räder sind beide beschädigt. Kaum auf den Beinen, sagte der eine: „Entschuldigung, ich war unaufmerksam." Der andere aber antwortet: „Nein, es war meine Schuld, ich habe Sie auch zu spät gesehen. Kann ich Ihnen irgendwie helfen?" Sie geben sich die Hände, klopfen sich freundschaftlich auf die Schultern und fahren freundlich weiter ihres Weges.

Genau wie diese beiden sitzen auch wir in unseren Vehikeln und rempeln einander einmal an. Ist es nicht wohltuend, wie diese beiden Männer die verfahrene Situation lösten? Warum denn gleich aus der Haut fahren oder beleidigt sein, wenn ein Händedruck oder ein wenig Freundlichkeit eine Situation so rasch bereinigen können? Am ehesten können wir das von den Kindern lernen, die nach ihren unvermeidlichen Zusammenstößen im Handumdrehen wieder weiter miteinander spielen, als ob nichts gewesen wäre. Sie wollen einfach Lust und Freude haben, deswegen geht es ihnen nicht um das leidige Rechthabenwollen.

Freundlichsein ist eine wertvolle Lebenskunst. Ein energieschonendes Gleitmittel im Umgang mit den täglichen Reibereien. Freundlich sein heißt nicht, immer mit einem unverbindlichen Lächeln aufzutreten. Freundlichkeit ist durchaus vereinbar mit einem klaren, bestimmten Auftreten, wenn es gespeist ist von dem inneren Zustand der Güte. Güte ist ein Zeichen innerer Stärke. Gewiß, es gibt viele Menschen, die unfreundlich sind. Aber ist das ein Grund, auch so zu sein? Es gibt kaum etwas Entwaffnenderes als Freundlichkeit. Wenn sie nicht nur äußere Fassade ist, wird der andere, mit dem man zu tun hat, sie auch erkennen und anerkennen. Mit Freundlichkeit kann man die Atmosphäre eines ganzen Raumes im Handumdrehen zum Guten hin verändern. Gehen Sie einmal morgens in eine Bäckerei und lächeln Sie die Leute einfach freundlich an. Sie werden feststellen, wie rasch sich die angespannten Gesichter entspannen. Vielleicht ernten Sie sogar selbst ein Lächeln. Zwischen freundlichen Menschen ist der Austausch um vieles einfacher. Der freundlichen Frau an der Kasse, die es oft gewiß schwer hat, wird die Arbeit doch letztlich leichter von der Hand gehen als ihrer griesgrämigen Kollegin. Freundlichkeit kann ja auch Freude machen. Die vielfältigen Erfahrungen, die damit verbunden sind, sind ja auch befriedigend. Das übersieht derjenige leicht, der Freundlichkeit zurückhält oder verweigert, sich letztlich selbst bestraft. Er verhindert die Erfahrung der Freundlichkeit mit sich selbst.

Man denke nur, wie es einem selbst zumute ist, wenn man es mit einem unfreundlichen Menschen zu tun hat. Vielleicht sollte man sich immer wieder einmal daran erinnern, daß man selbst solchen Eindruck auf andere macht, wenn man selbst unfreundlich ist. So wie Unfreundlichkeit zu Feindschaft bis hin zu Gerichtsprozessen ausarten kann, so können die unvermeidlichen Zusammenstöße im menschlichen Austausch belanglos werden, wenn Menschen einander mit

Freundlichkeit begegnen. Freundliche Momente wollen untermauert sein, man kann sich nicht genug dafür bedanken bei seinen Gefährten, den Freunden und Mitmenschen, die einem freundlich begegnen, und nicht zu vergessen auch bei den Elementen und der Natur, die freundlich für uns da sind.

Dankbar sein

Eine sehr gute Methode, um Achtsamkeit zu lernen, ist Dankbarkeit zu praktizieren. Bevor Sie einschlafen, denken Sie an eine Sache, für die Sie noch nie dankbar waren. Zum Beispiel an den freundlichen Briefträger oder die zuverlässige Zeitungsfrau, die Ihnen jeden Morgen die Zeitung in den Briefkasten legt, an den vollen Kühlschrank, die Blumen oder Kräuter in Ihrem Garten, an das frische Brot oder das Café mit der aufmerksamen Bedienung. Vor dem Einschlafen danke zu sagen, ist eine wertvolle Übung, die dazu führt, daß wir auch tagsüber lernen, wacher, achtsamer und lebendiger zu sein. Wir lernen Kleinigkeiten und Selbstverständlichkeiten wertzuschätzen, die uns normalerweise entgehen würden. Und umgekehrt: Je lebendiger und wacher wir werden, umso mehr wird alles, was wir erleben, ein Grund zur Dankbarkeit. Sie ist es wert, geübt zu werden.

Sie können aber auch den Tag mit einem Dank-Ritual beginnen. Möchten Sie heute morgen die Augen Ihres Herzens öffnen und die Saat für gütiges, ermutigendes Denken pflanzen, so widmen Sie Ihre ersten Gedanken am Morgen dem Dank. Es gibt keine einfachere und wirkungsvollere Möglichkeit, Ängste und Negatives im Keim zu ersticken, als immer wieder dankbar zu sein für all die Gaben, die das Leben bereit hält. Das kann eine Morgenmeditation oder ein Dankgebet sein. Sagen Sie einfach danke für all das, was Sie bisher empfangen haben und was Sie heute empfangen werden. Sie werden merken, der Tag erhält so ein freundlicheres Gesicht. Wir gewinnen einen frischen Blick für die Schönheiten dieser Welt und die Schätze, die es zu entdecken gibt.

Gibt es etwas, daß Sie heute zum ersten Mal entdecken und würdigen können? Vielleicht sind es kleine Dinge, ein Lächeln, ein gutes Wort, eine Berührung, eine gute Idee, die Ihr Leben heute bereichert haben. Oder es waren große Dinge, die Liebe Ihres Nächsten, die Freude an der Arbeit, die Geborgenheit in Ihrem Heim, die Hilfe in der Not, die Gesundung nach langer Krankheit. Aber auch ein Sonnenuntergang, ein Regenbogen, der Geruch des Kaminfeuers oder der Übergang in eine neue Jahreszeit können Anlässe sein, die Sie mit Dankbarkeit in sich aufnehmen können. Vielleicht möchten Sie auch einer höheren Macht für das Geschenk Ihres Lebens danken. Sagen Sie innerlich oder laut hörbar „danke" dafür, und lassen Sie Ihr Herz vor aufrichtiger Dankbarkeit ganz weit und weich werden.

Vielleicht klingt es altmodisch, ähnlich wie das, was die Eltern immer gepredigt haben. Aber das ist es nicht. Wir können nämlich auf zweierlei Weise leben. Wir können alles selbstverständlich hinnehmen, immer mehr fordern und die Gedanken negative Wendungen einschlagen lassen. Wenn das geschieht, geht als erstes das Gefühl der Dankbarkeit verloren. Wir können das Leben aber auch als Geschenk annehmen, an das Gute denken und für alles, was wir haben, dankbar sein. Der Unterschied zwischen diesen beiden Haltungen ist nicht die tatsächliche Erfahrung, sondern die Einstellung, mit der man die Welt wahrnimmt. Die einen ärgern sich, daß der Zug Verspätung hat; die anderen genießen die Zeit, die sie gewonnen haben, um ihr spannendes Buch weiterzulesen. Die einen konzentrieren sich auf das, was schiefgeht; die anderen auf das, was sie genießen können. Das ist eine bestimmte Haltung, die man einüben kann. Man kann sich täglich neu entscheiden, ob man die Angebote des Lebens an sich abprallen läßt oder ob man in ihnen einen Fingerzeig sieht, dankbar zu sein für das, was einem etwas bedeutet: die fürsorgliche Nachbarin, der beste Freund, der vertraute Waldweg, die gesunden Körperglieder.

Danken macht das Leben reich. Wenn Sie heute einem Menschen eine Blume oder ein anerkennendes Wort schenken, werden Sie es unmittelbar erfahren. Will man mehr Freude in seinen Alltag bringen, so beginnt es damit, wahrzunehmen, wie reich uns das Leben jeden Tag beschenkt.

Zuversichtlich sein

Warum haben zuversichtliche Menschen mehr Erfolg als andere? Warum haben sie so oft Glück? Warum haben sie mehr Energie und Leistungskraft als andere? Die

Antwort lautet schlicht: Weil sie Vertrauen haben und der Überzeugung sind, daß sie das bekommen, was sie brauchen. Sie rechnen mit positiven Ergebnissen, sogar damit, daß auch das „Unmögliche" möglich sein kann. Kurzum: Zuversichtliche Menschen sehen das Leben so, wie sie es gern haben möchten.

Negative Gedanken sind meist schlechte Berater. Sie engen uns ein, machen uns ängstlich und verhindern, daß wir die Gelegenheiten, die uns das Leben bietet, ergreifen. Unsere negativen Erklärungen beruhen häufig nicht auf der Realität, sondern auf schlechten Gewohnheiten, die aus der Vergangenheit, aus alten Mustern, elterlicher Strenge oder der Kritik von einflußreichen Bezugspersonen stammen. Aber da wir sie in unserem Denken gespeichert haben, behandeln wir sie als Wahrheiten, ohne auch nur die Stimme gegen sie zu erheben. Zuversichtliche Gedanken hingegen sind für mich wie Sterne am Himmel. Lauter Helligkeit wäre sicher nicht förderlich für uns, denn das macht mit der Zeit blind. Aber sein Augenmerk auf die Sterne am Himmel zu richten, auf das, was uns Hoffnung und Zuversicht gibt trotz allem Dunkel, hat nichts mit beschönigenden Illusionen zu tun. Vertrauen zu entwickeln ist eine Perspektive, die ihren Scheinwerfer auf die Hoffnung richtet. Wenn wir natürlich nur auf den eigenen Nabel oder den Boden schauen, können wir nicht erwarten, die Sterne zu erblicken. Wir brauchen unseren Blick bloß ein bißchen zu weiten und nach oben zu richten. Vor allem in dunklen Zeiten.

Zuversicht ist ein Zustand, für den wir uns bereit halten können, den wir pflegen und auch verteidigen müssen. Das kann auch heißen, sich verabschieden von Nörgelei, Hoffnungslosigkeit und Resignation. Menschen, die ihre Lebenserfahrungen als Lernchancen werten und kreativ verarbeiten, geben der Zuversicht Spielraum. Dazu gehört auch Neugier und Wachheit für kleine glückliche Momente, die auch in schweren Zeiten wie Sterne immer wieder aus der Dunkelheit aufleuchten. Vielleicht denken Sie an eine schwierige Zeit in Ihrem Leben. Ist es nicht eigenartig, daß man in solchen Zeiten eine Meisterschaft entwickelt, glückliche Momente mehr denn je zu genießen? Auch in Krisenzeiten ist die Zuversicht nicht einfach verschwunden. Sie wird zwar etwas überlagert, aber einzelne Freudenmomente können dann besonders deutlich wahrgenommen werden.

Es scheint wirklich so zu sein, daß wir bereiter sind zu leben, wenn wir wieder zuversichtlich sein können. Das hieße auch, wenn wir beginnen, unsere strenge Selbstbewertung anzuschauen und in uns einen Platz zu schaffen, von dem aus wir in innerer Achtsamkeit dem Kommen und Gehen unserer Gedanken zuschauen, um so den Boden für Hoffnung und Wandel zu bereiten. Wer glaubt und es sich vorstellen kann, daß sich etwas zum Guten hin ändert, der wird dieses Ziel auch erreichen. Zuversicht ist eine positive Kraft des Glücks, die uns hilft, Lichtblicke zu finden.

Weinen tut gut

Verstimmt ... resigniert ... verzweifelt ... traurig angesichts verpaßter Möglichkeiten, Enttäuschungen oder Verletzungen. Oder vielleicht einfach grundlos traurig. Dann brauchen wir keine gutmeinenden Ratschläge, Zusammenreißappelle oder Ablenkungen. Da genügt es einfach, wenn wir den Schmerz erst einmal zulassen, uns unseren Gefühlen hingeben und sie mit ganzem Herzen fühlen. Man kann Traurigkeit nicht bekämpfen. Sinnvoll mit ihr umzugehen, heißt, sich ihrer anzunehmen als etwas, das zu unserem Leben gehört und das alle Menschen kennen. Vielleicht hilft es, sich zuzugestehen: Dieser Schmerz gehört zu mir, er ist ein Teil von mir. Nehmen Sie sich Zeit, Ihren Gefühlen freien Lauf zu lassen: zu weinen, zu jammern, zu klagen und zu bedauern. Wichtig ist, daß Sie es sich wirklich erlauben, all das zu empfinden und auszudrücken, was Sie jetzt empfinden. Weinen ist ein wohltuendes Ventil. Wer weint, bringt seine Gefühle in Fluß, läßt sie fluten und wird etwas los. Tränen reinigen von Streßhormonen, und sie entlasten von bedrückenden Gefühlen. Für manche sind sie vielleicht Zeichen von Schwäche, aber vergißt man einmal sämtliche rollenspezifischen Vorstellungen, so sind Tränen doch sowohl für Frauen als auch für Männer eine lebenswichtige Einrichtung der Seelenhygiene.

Tränen spülen weg, was sich angesammelt hat. Sie wirken wie eine Waschanlage der Seele. Augen und Seele hängen zusammen. Durch Tränen etwas zu erkennen bedeutet, die innere Bewegung zuzulassen, sie vor sich und anderen zu bekennen. Das heißt auch, sich bloßzustellen. Es kann gut sein, daß dieses Zulassen von Traurigkeit das Tor zu einem neuen Anfang darstellt. Vom alten Leben lassen, neue Strukturen entwickeln, darin könnte die Lektion von Tränen liegen. In den tränenreich gewonnenen Erkenntnissen liegt Dynamik und Entwicklung. Vor allem dann, wenn wir das Glück haben, daß es jemanden gibt, der bei uns ist, der unsere Hand hält, und wenn es nötig ist, ein Taschentuch reicht. Ein solcher Mensch ist wie ein Leuchtturm der Hoffnung in dunkler Nacht, der uns durch sein schlichtes Dasein den Weg heraus zeigt, den wir vielleicht manchmal vor lauter Tränen selbst nicht mehr finden.

Der „Augenregen", wie ihn Hildegard von Bingen nennt, birgt die Chance, Erkenntnis zu gewinnen. So erhebt sich aus Tränen neue Lebenskraft. Erst wenn wir wirklich unseren Gram und unseren Schmerz durchleben, verlieren sie die Macht über uns, und wir werden tatsächlich dic Möglichkeit haben, neue Wege zu beschreiten und unser Leben tiefer zu erforschen.

Wenn wir unsere Tränen bekämpfen oder ignorieren, werden sie stärker, bis sie schließlich wie graue Schleier unsere Augen trüben. So werden wir nicht nur gegenüber den eigenen Tränen, sondern auch gegen denen der anderen abgestumpft und gleichgültig. Vielleicht hilft uns unsere Traurigkeit, damit wir wach bleiben und nicht im platten Optimismus versinken, sondern empfindsam bleiben, wie Traurigkeit eben empfindsam macht.

Sich einmal anders zeigen

Vielleicht kennen Sie die Situation – Sie sind eingeladen und können sich nicht entscheiden, was Sie anziehen sollen. Da fällt Ihr Blick auf den lindgrünen Hosenanzug, den Sie als Schnäppchen bei einem Einkaufsbummel im Urlaub erstanden. Damals waren Sie begeistert über diesen Fang, der Ihre Figur so vorteilhaft zur Wirkung bringt, doch irgendwie ergab sich nie die Gelegenheit, ihn anzuziehen. Entweder war es zu kalt, oder er paßte nicht zu Ihrem Teint, zu Ihrer Stimmung, oder Sie paßten nicht hinein, weil Sie mal wieder zugenommen hatten. So ruht das gute Stück unberührt in den dunklen Tiefen Ihres Kleiderschrankes und wartet sehnlichst darauf, einmal ins Freie geführt zu werden. Was hindert Sie daran? Angst, Scham, Gewohnheit oder Anpassung? Könnte es sein, daß solche ausgefallenen oder ungewöhnlichen Kleidungsstücke einen Teil von uns repräsentieren, den wir aus Gründen der Anpassung, der Bescheidenheit, der Moral, der Angst vor den anderen unterdrücken? Solche ungewohnten Kleidungsstücke verkörpern oft eine Seite von uns, die es verdient, gelebt und gezeigt zu werden. Selbst wenn man meint, „seinen" Stil gefunden zu haben, verraten solche Spontankäufe doch wichtige Wesensanteile, die ans Licht wollen. Zumindest sollte man nicht unterschätzen, wie sich die eigene Lebendigkeit steigert, wenn man sich das Vergnügen gönnt, ab und zu in ein anderes, ungewohntes Ich zu schlüpfen. Das bedeutet nun nicht, daß Sie plötzlich im hautengen Minikleid zum Einkaufen gehen. Aber wie wäre es mit einem kleinen Schritt in

Richtung „Mut zum Zeigen"? Die verwegene Frau in sich herauskehren. Statt der ewigen Jeans mal ein freches Kleid tragen. Ein anderes Lippenrot ausprobieren. Ein paar aufsehenserregende Ohrringe tragen. Ein paar knallige Strähnchen ins Haar färben. Nicht nur die anderen werden aufmerksam, man selbst erhält nämlich auch Energie, weil man sich sozusagen selbst stimuliert durch das Vergnügen am neuen, ungewohnten Aussehen. Auch das Verhalten und das Auftreten verändern sich, weil man nach einer kurzen Gewöhnungszeit in das hineinwächst, was man trägt. Dazu gehört ein bißchen Mut und Durchhaltevermögen, vor allem wenn man es nicht gewöhnt ist, die Blicke anderer auf sich zu ziehen. Aber es lohnt sich. Sie werden sehen, es hebt Ihre Stimmung und schenkt Ihnen mehr Energie als eine Ladung Schokolade. Es steht schließlich nirgends geschrieben, daß es verboten ist, Spaß an ein bißchen Make-up, Maskerade oder Mode zu haben? Wenn zu diesem Vergnügen mal etwas Verwegenes, Verruchtes, Verführerisches gehört – warum nicht?

Schlechte Laune vertreiben

Wenn Sie schlecht gelaunt sind, vielleicht tröstet Sie die gesunde Perspektive Agatha Christies:

„Ich lebe gern. Es hat zwar Zeiten in meinem Leben gegeben, in denen ich mich schrecklich gefühlt habe ... aber trotz allem habe ich immer genau gewußt, wie großartig es ist, überhaupt am Leben zu sein."

Jeder kennt die Tage, an denen sich scheinbar alles gegen einen verschwört; die Wäsche ist verfärbt, der Wagen springt nicht an, der Kaffee ist ausgegangen und dann auch noch ein Loch in den neuen Socken. Tage, an denen man sich unverstanden fühlt und nur anzuecken scheint, an denen man alle nervt – am allermeisten sich selbst. Schlechte Laune heißt dieser Zustand, der, wenn er erst einmal ausgebrochen ist, nicht so leicht loszuwerden ist. Nicht selten verbirgt sich hinter einer vordergründig schlechten Laune eine tiefgehende Problematik, Gefühle wie Wut, Enttäuschung, Trauer oder Depression. Deswegen ist es wichtig, daß man sich zunächst einmal Klarheit über seine Unzufriedenheit verschafft und fragt: „Was fühle ich wirklich?" „Bin ich enttäuscht?" „Gereizt?" „Verärgert oder wütend?" Wenn man das Glück hat, Partner zu haben, die in solchen Momenten mitfragen und zuhören können, so dauert es in der Regel nicht lange, bis man an die Quelle seines wirklichen Kummers gelangt, vielleicht auch an bisher unterdrückte Tränen, die sich nun befreien dürfen, so daß man sich anschließend entlastet fühlt.

Sie haben die Wahl, ob Sie ein Opfer Ihrer Laune sind oder etwas dagegen tun können. Zunächst einmal sollte man sich klar machen, daß es ein perfektes Leben weder gab noch gibt. Leben heißt auch, unangenehme Erfahrungen zu machen. Wie gern genössen wir die angenehme Leichtigkeit des Seins, aber immer werden uns Mißgeschicke widerfahren, die unfreundliche Bedienung, der Strafzettel wegen Geschwindigkeitsüberschreitung, der verspätete Zug, der unpünktliche Partner oder die paar Pfunde, die wir zugenommen haben.

Sie alle lassen sich nicht aus der Welt schaffen, aber unsere Art, darauf zu reagieren, liegt in unserer Hand.

Oft entspringt schlechte Laune auch einer Erwartungshaltung: „Wenn er nur merken würde, daß ich auch mal bedient werden möchte!“ „Wetten, daß sie uns heute wieder das Abendessen verderben wird mit ihrem Geschwätz!“ „Wenn er doch nur anrufen würde!“ Es nützt nicht viel, solchen Gedanken nachzuhängen. Sagen Sie Ihrer düsteren Gedankenspirale „Stop!“ und warten Sie erst einmal ab, was auf Sie zukommt. Vielleicht hilft auch die klare Äußerung eines Wunsches, oder Sie sorgen eben selbst für sich und nehmen sich Zeit, um etwas Angenehmes zu tun, – einen kleinen Spaziergang, das Tagebuch, angenehme Musik, die Ihnen hilft, den Augenblick zu genießen. Wenn alles nichts hilft, bleibt immer noch der schönste Ort im Leben – das Bett. Gönnen Sie sich ein kleines Schläfchen, so regenerieren Sie Körper, Geist und Seele.

Ich überliste mich manchmal mit der Frage, was ich tun würde, wenn ich besser gelaunt wäre. Dann fallen mir die herrlichsten Ideen ein, ich würde in den Wald gehen oder zum Baden, mir etwas Süßes gönnen oder einen besonderen Tee.

Auch unsere Hormone können helfen, schlechte Laune zu vertreiben. Unser Gehirn versorgt uns sozusagen kostenlos mit dem Gute-Laune-Hormon Serotonin, wenn man weiß, wie man zur Ausschüttung dieser körpereigenen Gabe kommt. Da hilft nur eines – Bewegung. Laufen, Rennen, Radfahren, Tanzen und Schwimmen. Das hebt die schlechte Laune so schnell und wirkungsvoll wie kaum etwas anderes. Weniger schweißtreibend ist natürlich, wenn man einen verständnisvollen Freund hat, mit dem man sich alles ungeschminkt vom Herzen reden kann. Ein Anruf oder ein spontanes Treffen, und man kann endlich Dampf ablassen über den neuen Chef, die überhöhte Telefonrechnung oder das verbeulte Auto. Am Ende kann man sogar herzhaft gemeinsam über die verflogene schlechte Laune lachen.

Mein persönliches Rezept gegen schlechte Laune ist sehr einfach – ich koche Marmelade. Es ist erstaunlich, wie schnell sich meine Laune dabei bessert, und zudem habe ich noch etwas Nützliches geleistet, auf das ich stolz sein kann. Wenn das nicht genügt, dann greife ich zu meinem „Reptilienprogramm“. Ich schrubbe meine Fußböden oder räume Schubladen auf. Ich bin immer wieder verblüfft, wie solche kleinen Kraftaktionen meine trüben Gedanken reinigen können. Probieren Sie es, Sie werden nicht nur sehen, wie sich Ihre Laune bessert, auch Ihre Mitmenschen werden die helle Freude an Ihnen haben.

Selbstsicher mit Ärger umgehen

Menschen, die gelernt haben, daß Ärgergefühle oder Zornesausbrüche verboten sind, fällt es schwer, den eigenen Ärger auszudrücken und mit dem Ärger der anderen umzugehen. Besonders betroffen hiervon sind Frauen, die von klein an gelernt haben, daß es unweiblich ist, Ärger zu zeigen. Nach wie vor gilt ja: Wenn

Männer die Fassung verlieren, ist das männlich, während Frauen als hysterisch bezeichnet werden, wenn sie ihren Ärger offen zeigen. Manche fürchten sich davor, was andere von ihnen denken, wenn sie ihrem Ärger freien Lauf lassen. Oder sie leugnen ihre aggressiven Gefühle in der Hoffnung, sie würden von selbst verschwinden und sprechen sich gar das Recht ab, ärgerlich zu sein. Doch Ärger ist eine ganz natürliche Reaktion auf Grenzverletzungen, die vergleichbar mit Hunger- oder Durstgefühlen bei allen Menschen auftritt. Ein wichtiger Schritt besteht also darin, Ärger als berechtigt anzuerkennen, als ein Signal, auf das wir hören sollten. Ärger kann eine Botschaft enthalten: daß unsere Grenzen überschritten, unsere Rechte verletzt, unsere Bedürfnisse vernachlässigt wurden oder einfach die Ausgewogenheit zwischen Geben und Nehmen nicht stimmt. Eigentlich ist Ärger gar nicht so ein schreckliches Gefühl, es macht nämlich unglaublich lebendig und gibt uns die Energie, für uns selbst einzustehen und unsere Sache zu vertreten. Ärger ist ein Motor der Veränderung und der Grenzsetzung. Wer Ärger ausdrückt, glaubt an Veränderung.

Wenn einem daran liegt, seine Beziehungen nicht einfach abzubrechen oder zu blockieren, so ist es wichtig, seinen Ärger auf selbstsichere Weise auszudrücken. Das bedeutet: im Gespräch bleiben, streiten und dem anderen direkt als Ich-Botschaft mitteilen, was man empfindet und was man von ihm erwartet, ohne zu versuchen, zu manipulieren, zu bevormunden, zu kränken oder Recht haben zu müssen um jeden Preis. Überlegen Sie einmal, was Sie gewinnen, wenn Sie recht haben.

Manchmal genügt schon die Erkenntnis, daß es möglich ist, Ärger nicht bloß aggressiv, sondern auch konstruktiv, selbstbewußt und in Ich-Botschaften auszudrücken. Nehmen wir das Beispiel des Zuspätkommens: Statt zu sagen: „Jetzt reicht es, alle läßt du auf dich warten! Du bist ein richtiger Egoist!" könnte man beispielsweise sagen: „Ich freue mich immer, wenn du kommst, aber ich ärgere mich, daß ich jedes Mal auf dich warten muß. Ich bitte dich, rechtzeitig zu kommen. Bist du dazu bereit?" Die erste Version wird gewiß vom anderen als Herabsetzung aufgefaßt und treibt ihn in die Defensive. Die zweite Version zeigt eine Möglichkeit, Ärger auf selbstsichere statt auf aggressive Art auszudrücken. Hier wendet sich der Ärger nicht gegen die Person, sondern gegen ihr Verhalten bzw. die Sache. Wenn uns an der Aufrechterhaltung der Beziehung gelegen ist, so ist es wichtig, im Dialog zu bleiben und seinen Ärger aufzulösen, statt ihn übermäßige Dimensionen annehmen zu lassen. Wesentlich dabei ist die Wahl des richtigen Zeitpunktes. Wenn wir Ärger unterdrücken, bis wir innerlich derart kochen, daß wir fast platzen, oder wenn wir zu lange warten und über die Sache nachgrübeln, wird es immer schwerer, sich selbstbewußt statt aggressiv zu verhalten. Wenn wir um des lieben Friedens willen unseren Ärger verdrängen, so wird er sich vermutlich durch die Hintertüre wieder einschleichen und indirekt bemerkbar machen. Es könnte sich empfehlen, in einem Notizkalender ein paar Gedanken zu folgenden Fragen zu notieren: Vermeide ich den Kontakt, wenn ich verärgert bin? Lasse ich meinen Ärger an unschuldigen Dritten aus? Fühle ich mich gekränkt, wenn jemand ärgerlich auf mich ist?

Die Entwicklung selbstsicheren Verhaltens im Umgang mit Ärger ist ein fortlaufender Prozeß. Ein Teil dieses Weges ist die Schärfung des Bewußtseins: Wo blockiere ich meinen Ärger? Wieso reagiere ich so und nicht anders? Kann ich eine andere Möglichkeit ausprobieren? Es mag eine Weile dauern, bis Sie sich daran gewöhnt haben, Ihren Ärger selbstsicher auszudrücken. Aber Sie werden feststellen, daß Ihr selbstsicherer Umgang mit Ärgergefühlen zu mehr Selbstvertrauen führt und zu noch größerer Selbstsicherheit.

Entrümpeln

Fragen Sie sich auch manchmal, warum schleppe ich eigentlich so viel Zeug in mein Nest, obwohl ich doch immer behauptet habe, so etwas brauche ich nicht? Sehnen Sie sich auch nach den Zeiten, als man noch mit ein paar Klamotten, einer Schreibmaschine, ein paar Büchern, zwei Kaffeetassen und ein bißchen Geschirr auskam? Und nun hat man all diese überflüssigen Dinge angehäuft – das Notebook, die Teigknetmaschine, die elektrischen Lockenwickler, die Saftpresse, den automatischen Brotbäcker, das Joghurt-Gerät, den Fernseher im Schlafzimmer, die Brotschneidemaschine, die Pasta-Maschine – die ständig mahnen: „Benutz' mich!" „Pfleg' mich!", „Putz' mich!"

Irgendwann haben wir angefangen, all dies anzuhäufen, was wir nie brauchen wollten, obwohl wir uns früher lustig gemacht haben über dieses verrückte Konsumverhalten. Nun rennen wir selbst mit in diesem Konsumkarussell, das nur ein Motto kennt: „Mehr". Was geschähe, wenn wir uns der Frage stellen würden: Was brauche ich wirklich? Was will ich? Was ist wesentlich? Was belastet mich? Was ist überflüssig?

Je achtsamer wir werden, desto mehr lernen wir Schlichtheit und Ordnung zu schätzen. Selbst im Garten gedeihen die Pflanzen besser, wenn das Unkraut entfernt wird. Auch in unserer persönlichen Entwicklung reifen die Früchte unserer Entwicklungsschritte besser und ungestörter, wenn wir den überflüssigen Ballast aus unserem Leben entfernen. Sie brauchen bloß Ihre Schubladen und Schränke einmal anzuschauen. Sie sind ein ehrliches Abbild unserer Seelenverfassung. Sie geben Auskunft darüber, wie wir unseren emotionalen Hunger mit materiellen Werten zu stillen versuchen. An unseren Schubladen können wir ablesen, womit wir uns beschäftigen, was uns wichtig erscheint, was wir anhäufen, womit wir uns vollstopfen.

Wenn wir unsere Schubladen aufräumen und von unnötigem Ballast befreien, schaffen wir nicht nur Raum für Neues, wir werden auch Lasten los und bringen Konzentration und Klärung in unser Leben. Aufräumaktionen schaffen einen Zustand einfacherer, schlichter Ordnung. Energien werden wieder frei, die der innerseelischen „Entrümpelung" zugute kommen. Sie werden das, was Sie haben, wieder mehr zu schätzen wissen. Jede Aufräumaktion wird Ihr Leben vereinfachen und damit auch leichter machen. Nicht nur Ihre Schubladen, auch Ihre Seele wird es Ihnen danken.

Das Leben umarmen

Den Tag gut beginnen

So ein Morgenblues erwischt jeden einmal – und manche sogar öfter. Schön war es abends und kurz die Nacht. Zuviel Wein und schlechte Träume. Nachteulengesicht und traumtechnisch unverarbeiteter Seelenmüll, der das Aufwachen zum Alptraum werden läßt. Der Morgen läuft schief und schlechtgelaunt. Statt ihn genervt zu verplempern, investieren Sie ein Viertelstündchen und entführen Sie sich in eine kleine Traumexkursion.

Stellen Sie sich vor: eine Trauminsel, weißer Sandstrand, Palmen und Sonnenschein, ein köstliches Picknick mit einem netten Menschen Ihrer Träume, eine Luftmatratze auf seichten Wellen. Die Luft riecht mild, ein leichter Wind geht. Ihre Familie, Nachbarn und Arbeitgeber sind weit weg ... Sie sind ganz entspannt, heiter und friedlich. Ende der Selbsthypnose. Sie liegen im Bett und beschließen: Der Tag ist von nun an mein Freund.

Brauchen Sie noch mehr Hilfe?

Gönnen Sie sich ein lauwarmes Lavendelfußbad. Das ist nicht nur gut für die Füße, es ist auch eines der besten Entspannungsmittel für die Seele.

Oder bevorzugen Sie den Duft von Orangen? Dann geben Sie einen Tropfen ätherisches Orangenöl auf die Glühbirne Ihrer Badezimmerlampe. Wenn das Licht eingeschaltet wird, verströmt sich ein herrlicher Orangenduft in Ihr Badezimmer. Sie können das Orangenöl aber auch auf ein Tuch träufeln und auf die Heizung legen. Beides macht fröhlich und gleicht die innere Schieflage aus, weil die Orange nicht nur so aussieht, sondern auch aktivierend und ausgleichend ist.

Nehmen Sie eine Dusche mit besonderem Shower-Gel, massieren Sie Ihre Kopfhaut und waschen Sie die Haare mit Ihrem Lieblings-Shampoo. Das Gesund-und-gepflegt-Gefühl wirkt immer ansteckend und aufbauend, weil die Seele auch in das hineinwächst, was man seinem Körper Gutes zukommen läßt.

Sie werden merken, mit diesem kleinen Gute-Laune-Programm läuft der Tag, wie man heute so sagt: „zum Küssen schön". Aber Vorsicht: Nicht aus plötzlichem Übermut mit Make-up oder Frisur experimentieren. Wenn das schiefgeht, kann selbst die beste Laune schnell wieder abstürzen.

Einfach nichts tun

Zeit zu haben zum Nichtstun ist heute der ultimative Luxus. Ein Traum, den viele nicht einmal mehr zu träumen wagen, weil die Rastlosigkeit in alle Lebensaspekte vorgedrungen ist. In den USA sprechen die Soziologen bereits von der „supercharged family", der total geladenen Familie, die für jedes Mitglied einen eigenen Terminkalender braucht, von Anlaß zu Anlaß eilt und vor lauter Organisation und Koordination kaum mehr füreinander Zeit hat. Für Frauen und Männer, die die Woche über funktionieren, entscheiden, sich anstrengen, sich durchbeißen und dabei noch gut drauf sein müssen, ist es ein wahres Geschenk, einmal das Korsett fremdbestimmten Handelns fallen zu lassen und einfach nichts zu tun.

Wenn Sie merken, daß Sie mehr Zeit im Auto verbringen als mit ihrem Partner, daß Sie kaum mehr Zeit zum Nachdenken haben vor lauter Termindruck und daß selbst Ihre Hobbies zu Streß ausarten, dann ist vielleicht der Punkt gekommen, etwas zu ändern. Warum gönnen Sie sich nicht hin und wieder den Luxus, etwas zu tun, das keinen Namen hat? Ich meine das Nichtstun, das Abtauchen in fahrlässige Faulenzerei, das Sich-gehen-Lassen, den Segen des unbeantworteten Telefons und das wohlige Nest der eigenen Wohnung. Als Kinder pflegten wir diese Kunst des Nichtstuns noch ausgiebig und ohne schlechtes Gewissen. Wie oft gaben wir auf die typische Frage der Mutter, was wir gerade täten, die Antwort: „Nichts". Warum sollten wir uns als Erwachsene nicht auch hin und wieder ungestraft dem Luxus süßen Nichtstuns hingeben? Wie herrlich ist es, sich mal nicht gleich anzuziehen und zu duschen, sondern in Nachthemd und Socken zu bleiben, bis das Bett wieder ruft. Und wenn es einen überkommt, ein Nickerchen zu halten. Es liegt an uns selbst, ob wir diesen süßen Traum wahr werden lassen und einfach mal nichts tun.

Nichtstun heißt im Hier und Jetzt leben – einfach sein, ohne etwas erreichen zu müssen. Für die, die diese Kunst wieder lernen wollen, hier einige Anregungen:

Ein bescheidener Einstieg wäre das Verlassen des Hauses eine Viertelstunde früher als gewohnt. Schauen Sie sich Ihre Umgebung genauer an, betrachten Sie die Wolken, die Bäume, und atmen Sie die frische Morgenluft tief ein. Schauen Sie die Leute um Sie herum an, wie sie zur Arbeit hetzen, und freuen Sie sich über diese geschenkte Zeit süßen Nichtstuns. Gehen Sie bewußt langsamer als sonst.

Ein weiterer Vorschlag, der vielleicht etwas mehr Mut braucht: Vergeuden Sie ganz bewußt Zeit. Tun Sie so, als wäre es Sonntagmorgen, auch wenn es Montagmorgen ist, und machen Sie es sich ganz gemütlich. Vielleicht haben Sie Lust, in Büchern oder alten Zeitschriften zu schmökern? Eine Tasse heiße Schokolade zu trinken? Oder in Ihrem Tagebuch zu lesen? In Ihren Briefen? Ein duftendes Bad bei Kerzenschein zu nehmen? Einmal ausgiebig Musik zu hören?

Eines kann ich mit Sicherheit sagen: Nach solch einer Abtauchzeit hat man mehr Energie und Lebensfreude. Es lohnt sich, in das herrliche Tun einzutauchen, das keinen Namen trägt.

Streicheln, Kosen, Balgen neu erleben

Erinnern Sie sich daran, wie lustvoll Sie als Kind das Streicheln, Kosen, Drücken, Knuddeln, Kitzeln und Schmusen empfanden? Damals war unser ganzer Körper noch eine einzige lustvolle Zone. Jede spielerische, liebevolle Berührung wurde als lustvoll erlebt. Dieses Erleben ist vielen Erwachsenen abhanden gekommen. Was sich aus dieser ursprünglichen Sinnlichkeit entwickelt hat, ist für viele weit entfernt von diesen einst erlebten Wonnen. Was blieb, ist oft nur noch eine reduzierte Form von Sexualität auf ihre genitalen Bereiche. Wie oft begegnen mir Menschen in meiner Praxis, die ihren Körper nicht mehr als genüßliches, ganzheitliches, sondern nur noch als zielgerichtetes Lustinstrument erfahren. Gewichen sind auch die wohligen Urlaute der Liebe, das Seufzen, das genüßliche Räkeln, Schmatzen, Summen, Grummeln, Kichern, Keuchen.

Die Ursachen für diese erotische Verarmung sind vielfältig. Ihre Anfänge liegen aber meist schon früh, wenn es bei lustspendenden Entdeckungen hieß: „Hände auf die Decke". Oder wenn der Ausdruck von Gefühlen durch ein „Hör nicht auf deine Gefühle" verwehrt wurde. Viele durften sich nicht selbst entdecken.

Körperwahrnehmungen und die Freude am eigenen Körper gehören zur Grundausstattung unserer Sinnlichkeit. Werden sie schon frühzeitig gebremst oder bestraft, so haben wir es als Erwachsene schwer, ein unbefangenes, ungebrochenes Verhältnis zu unserem

Körper aufzubauen. Diese Genußfähigkeit ist aber wieder erlernbar. Wir brauchen sie bloß bei den Kindern abzuschauen. Ihre berührenden Hauterfahrungen sind die Spielwiese der Sinnlichkeit auch für die Erwachsenen. Kinder vermitteln: „Drück mich!" „Kitzle mich!" „Streichle mich!" „Halt mich!" „Knuddle mich!" Diese Appelle gelten auch für uns. Sollten wir einander da nicht die Hand ausstrecken? Es tut gut, sich anzuschmiegen, zu kuscheln, sich an einem anderen Körper zu wärmen oder festzuhalten, als ob man ihn nie wieder loslassen wolle. Es sind diese kleinen Lustmomente, die das Leben genußvoll machen, nicht die großen Eskapaden. Sie zu empfinden, dazu muß man sich wohl ein bißchen öffnen, ein bißchen Kind bleiben, spielen, ein bißchen nachlernen und anerzogene Hemmungen verlernen. Erinnern wir uns an unseren Ursprung. Die Eroberung der alten Lust beginnt mit dem Schnuppern, dem Berühren, dem Austausch, dem Aufnehmen, dem genüßlichen Seufzen und Räkeln. Das Küssen ist ein Restbestand dieser lustvollen Erfahrungen. Was wir mit dem Mund erfühlen, ertasten, erschmecken, erinnert an die alte, ursprüngliche Lust. Weil unser Körper ganzheitlich lebt, entsteht Befriedigung, wenn all diese Elemente zusammenfließen. Kleine Kinder lieben es, wenn man sie auf den Po küßt. Können Sie sich vorstellen, den Ihres liebsten Menschen einmal herzhaft zu küssen? Ich erwähne bewußt diesen Körperteil, weil er bei den meisten ein Schattendasein fristet, obwohl er doch eigentlich so schön ist.

Optimismus entwickeln

Wenn man einen unangenehmen Zeitgenossen als Nachbarn hat oder einen finanziellen Verlust erleidet, so ist deshalb die Menschheit nicht schlechter geworden, eher ist es wohl die Brille des eigenen Pessimismus, die die Ursache solcher Verallgemeinerungen ist. Es ist wohl menschlich, unsere innere Stimmung nach außen zu projizieren und dann verallgemeinernd über die Schlechtigkeit der Welt zu urteilen. Aber mit etwas Optimismus kommt man wohl eher zu dem Schluß: Die Menschen sind nicht so gut, wie einzelne es glauben wollen, sie sind aber auch nicht so schlecht, wie viele es meinen. Menschen sind egoistisch und schwach, um so mehr, je härter die Zeiten sind. Das war immer so und wird wohl auch so bleiben. Es gibt sicher Schwankungen nach oben oder nach unten, aber wir sind nun einmal Menschen, und in jedem von uns gibt es Abgründe dicht neben den wunderbarsten Blumen und Perlen, die wir auch in uns tragen. Das Gute muß man wollen. Täglich gibt es im größeren oder im kleineren Situationen, in denen man sich entscheiden muß. Vielleicht werden wir weniger pessimistisch, wenn wir etwas bescheidener würden. Da hilft der Blick auf die vielen Vorbilder, die auch in schweren Zeiten sehend und standhaft geblieben sind gegenüber dem Guten. Sehen wir auf die, die trotz starker Belastung hilfsbereit und anteilnehmend sind. „Ja, aber die zählen doch nicht", höre ich von den Pessimisten. Und ich frage zurück: „Wer weiß denn, was zählt? Gehen wir nicht in die gleiche Falle wie die, die wir für egoistisch und schlecht halten, wenn wir uns von ihnen so beeindrucken lassen?" Die Welt ist kein Jammertal, und deswegen plädiere ich für einen Optimismus, der zwar die Gefahren erkennt und sieht, aber mit Vertrauen und Hoffnung gegen sie angeht. Optimismus begünstigt Kreativität, neue Ideen und Risikobereitschaft. Deswegen lohnt es sich daran zu denken, daß auch im tiefsten Schwarz der Erde manche schöne Blume wachsen kann. Optimismus führt dazu, Neues und Ungewöhnliches auszuprobieren und damit die Weiterentwicklung zu fördern.

Statt zu klagen, kann man nach dem Guten Ausschau halten, sich dazu bekennen und dazu verhelfen. Es ist nicht schwer, um sich herum lauter Unkraut und Dornen zu finden. Aber es ist leichter als man denkt, Schönheit und Blumen zu entdecken, wenn man seinen Blick dafür schärft. Mehr Optimismus – das ist sicher eine Alternative?

Lachen entspannt

Bei Jonathan Swift las ich: „Die besten Ärzte der Welt sind Dr. Diät, Dr. Ruhe und Dr. Fröhlich." Vielleicht klingt es banal, aber Lachen ist die beste Medizin. Vor allem herzhaftes Lachen ist eine geradezu geniale Leibesübung, die bestens zur Stärkung des Immunsystems geeignet ist. Wenn man lacht, wird man leichter, entspannter und dadurch offen für das, was noch unerklärlich oder bedrohlich ist. Man wird flexibler und kann neuen ungewohnten Situationen angstfreier gegenübertreten. So verlieren schwierige Situationen ihre Schärfe und Bedrohlichkeit. Besonders ängstliche Menschen sind dankbar, wenn man ihnen mit Humor begegnet. Sie sind geradezu auf Gesten angewiesen, die ihnen vermitteln: „Du darfst dich entspannen." Man wird stärker, wenn man herzhaft lachen kann – vor allem über sich selbst. Wer über sich selbst lachen kann, bekommt nämlich Distanz zu seinen Mißgeschicken und zu seinen Macht- und Kontrollbedürfnissen. Wer über sich lachen kann, ist innerlich frei, denn Lachen ist Befreiung. Es befreit von den Lasten des Alltags, es relativiert unsere großen oder kleinen Sorgen. Lachen verschafft Raum zum Leben und zum Atmen. Viele Erwachsene haben vielleicht seit Jahren nicht mehr richtig gelacht, und ihr Körper rächt sich mit hohem Blutdruck, Arthritis oder Magengeschwüren. Man braucht nicht einmal auf etwas Lustiges zu warten, um zu lachen. Sieht man seinen eigenen Alltag hin und wieder wie einen Film an, so gibt es genügend Grund zu lachen.

Wer lacht, gibt seinem alten Hirn, dem Reptilhirn, die Botschaft, daß alles in Ordnung ist. Man reagiert nicht mehr mit Kampf- oder Fluchteinstellung. Wer lacht, setzt nicht nur eine Reihe von sogenannten Lust-Botenstoffen im Gehirn frei, er schaltet auch das intelligente Großhirn ein und sorgt für eine ausgewogene Perspektive zwischen den einzelnen Teilen des dreifältigen Gehirns und kann die Dinge wieder in den angemessenen Relationen erkennen. Eine norwegische Studie aus dem Jahre 1996 beschreibt den Humor als geistige Verfassung, die die Angriffe des Lebens ausgleichend abpuffern kann. Gemäß dieser Studie (Svebak u. a. 1996) aktiviert das Lachen nicht nur den Stoffwechsel, es produziert auch höhere Abwehrstoffe und schafft jenen Zustand in uns, den man mit Gelassenheit bezeichnen kann. Lachen ist also ein wesentlicher Bestandteil des Gesundseins. Wer lacht, atmet tiefer und rhythmischer, stößt seine verbrauchte Luft schneller aus und sorgt für eine erhöhte Aufnahme von Sauerstoff und Glukose in die Zellen. Lachen stärkt also nicht nur Herz und Kreislauf, es massiert sogar die Eingeweide. Manche Ärzte empfehlen, bei Nackenverspannungen möglichst viel zu lachen, da es Verspannungen löst. Dieses kurz dauernde, kostenlose biochemische Tune-up funktioniert jederzeit. Lange genug praktiziert hat es sogar Nebenwirkungen – die Lebensgeister werden wach.

Gemeinsames Lachen verbindet und schafft gemeinschaftliches Erleben. „Weißt du noch, wie wir damals gelacht haben?" So beginnt oft der Austausch von Erinnerungen. Wo gelacht wurde, waren immer Gefühle mit im Spiel. Man könnte sogar sagen, wo gelacht wurde, haben wir etwas von unserem inneren Licht in die Welt hinausgetragen. Und wo ein Mensch trotz Krankheit oder Schicksalsschlag es noch fertigbringt zu lachen, da wird ein Licht in die Dunkelheit gebracht. Daran teilzuhaben ist für mich ein kleines Wunder.

Über sich selbst und die Widersprüchlichkeiten des Lebens zu lachen, auch zusammen mit anderen, ist eine kostenfreie, leicht erhältliche und drogenfreie Art, Spannungen abzubauen. Mit Sicherheit bringt sie mehr Lebendigkeit ins Leben, und wahrscheinlich verlängert sie sogar das Leben selbst.

Lust am Rennen

Warum dürfen eigentlich nur die Kinder rennen, wenn es ihnen danach zumute ist? So gern würde ich ab und zu einfach losrennen, einfach so aus Spaß an der Geschwindigkeit. Aber wir Erwachsenen dürfen das ja nicht mehr. Dabei denke ich, daß es wahrscheinlich ein Zeichen psychischer Gesundheit ist, Geschwindigkeit zu mögen. Gesunde, selbstbewußte Hunde mögen doch auch Geschwindigkeit. Wenn sie freien Auslauf haben, dann rennen sie los, ohne bestimmtes Ziel und sogar in wilden Kreisen und Schlaufen. Und im Auto hängen sie ihren Kopf aus dem Fenster, um sich den Wind durch Ohren und Augen blasen zu lassen. Wo bleibt für uns noch der Spaß an der eigenen Geschwindigkeit? Autos, Flugzeuge, Boote, Motorräder, Fahrräder, Rollschuhe – sind letztlich alle nur ein teuer bezahlter Trost für diesen archaischen Genuß körperlicher Sinnesfreude, den uns das Rennen bereitet. Allerdings: Joggen mit dem Ziel fit oder schlank zu werden, verbinde ich mit Selbstpein und selbstverordneter Folter. Wenn ich mich unbeobachtet fühle, dann renne ich im Wald oder am Strand, also an Orten, wo man ohnehin nichts Nennenswertes von einem verlangt, wie ein junger Hund. Ziellos, atemlos, mit heraushängender Zunge, in Kreisen, Kurven und endlosen Schlaufen. Manchmal gerate ich dabei in eine Welt, in der ich und das Rennen eins werden. In diesem Zustand löst sich meine Empfindung des Getrenntseins in ein Feld des Gewahrsams auf. Können Sie sich vorstellen, welche Freude diese gesunde Art des selbsterzeugten Geschwindigkeitsrausches bereitet? Hunde treiben auch kein Jogging, und unsere Urgroßväter hatten sicher auch Besseres zu tun. Also warum nicht hin und wieder einfach losrennen, ohne vorgefertigte Ideen, ohne Kontrolle, ohne Herzbeschleunigungsmesser, Tretrad, Trainingsanzug oder Sportschuhe, sondern einfach der Nase lang in weit ausladenden Schleifen durch den Wald, im Gras oder im Sand. In Räumen, wo immer sie sich auftun. Geben Sie sich die Erlaubnis, es im eigenen Rhythmus zu tun. Sie werden schnell lernen, auf Ihren Körper zu hören und so zu rennen, wie es für Sie gerade passend ist. Rennen sollte wie eine Unterhaltung zwischen Körper und Geist sein: mit wachen Sinnen, lustvoll, eigensinnig und nicht qualvoll, mechanisch oder langweilig. Sie haben die Gelegenheit, das Fitneßspiel nach neuen beziehungsweise nach alten, vergessenen Regeln zu spielen.

Mal richtig albern sein

Wann haben Sie das letzte Mal aus vollem Herzen gelacht? Wann haben Sie das letzte Mal gespielt? Wann haben Sie sich zum letzten Mal wie ein Kind gefühlt? Vielleicht erinnern Sie sich, wie Sie als Kind staunend und voller Neugier in die Welt geblickt haben. Wenn man sich selbst einmal mit den offenen Augen eines Kindes betrachtet, stellt man vielleicht fest, daß man vieles unnötig schwer nimmt, daß man so schwer und ernst geworden ist, daß einem so viele Freuden abhanden gekommen sind.

Mal richtig albern sein ist eine wunderbare und dazu noch kostenfreie Medizin. Denken Sie nur an eine gelungene Clownvorstellung, danach gehen alle Zuschauer um einiges leichter in ihren Alltag. Herzhaftes Albernsein, Herumblödeln, Ausgelassensein, Herumtoben sind geradezu geniale Leibesübungen. Das Immunsystem wird gestärkt, die Atmung geht schneller, die Sauerstoffzufuhr ins Blut wird verbessert, der Herzschlag beschleunigt. Und das Schönste: die Stimmung ist um ein Vielfaches gehoben. Man ist fast ein bißchen „high". Kein Wunder, wenn einem fast die Puste ausgeht, die Tränen in die Augen schießen und man sich den Bauch kaum noch halten kann. Um sich seine Ganzheit zu bewahren, ist es nötig, Tag für Tag einige Zeit auf Aktivitäten zu richten, die vor allem unsere rechte Hirnhälfte aktivieren. Die Gehirnforschung hat entdeckt, daß wir Menschen zwar ein Gehirn, aber einen auf dessen beide Hemisphären verteilten Verstand haben. Bei den meisten Menschen erfährt die linke Seite des Gehirns besondere Aufmerksamkeit und Belohnungen und entwickelt sich dadurch besser. Die Entwicklung von Phantasie und Intuition, mit anderen Worten die künstlerischen, Beziehungs- und Ganzheitsfunktionen unseres rechten Gehirns, wird durch die Wertvorstellungen unserer Kultur abgewertet. Dieser einseitigen Entwicklung kann man entgegenwirken durch eine Art spielerischen Umgangs mit der Wirklichkeit. Albern sein kann ein Auftakt eines spielerischen Tanzes zwischen der rechten und linken Gehirnfunktion sein, die uns in die rechte Balance bringt.

Seien Sie so richtig albern. Tun Sie Dinge, die ausgesprochen „unschicklich“ oder unmöglich sind. Spielen Sie mit Ihren eigenen Grenzen, und probieren Sie aus, was man Ihnen durchgehen lassen wird. Sie brauchen lediglich herausfinden, wonach Sie im Moment Lust haben. Ein verrücktes Kleidungsstück vorführen, einen verwegenen Hut tragen, auf dem Schreibtisch tanzen, über sich selbst lachen, auf einen Baum klettern, Musik auf dem Kamm spielen, mal wieder pfeifend durch die Straße gehen, Ihre Schwiegermutter küssen. Diese kleine Ideenliste können Sie endlos erweitern. Sie werden feststellen, wenn solches „Über-die-Stränge-Schlagen“ nicht zum Dauerzustand wird, sind die Mitmenschen oft viel toleranter, als wir annehmen. Warum sollte man also nicht hin und wieder zeigen, wie spontan und unbeschwert man auch sein kann? Selbst bei ernsten, schwierigen Fragen kann eine spielerische Perspektive Ihre spirituelle Dimension bereichern, wenn Sie beispielsweise Ihre Ängste dazu benutzen, lebendig und kreativ zu sein. Zwei Sätze des bekannten Regisseurs und Schauspielers Woody Allen veranschaulichen, daß man sogar mit der Angst vor dem Tod auf humorvolle Art umgehen kann: „Wüßte ich, wann ich sterben muß, ich würde einfach nicht hingehen“, und „Ich habe keine Angst vor dem Tod, ich möchte bloß nicht dabei sein, wenn es passiert.“

Singen

Die menschliche Stimme ist das stärkste, vielfältigste und wunderbarste Instrument, das die Natur hervorgebracht hat. Und die Erkenntnisse der Stimmforscher zeigen: Wir alle sind geborene Sänger – auch wenn nicht jeder singen kann. Wenn ein begnadeter Sänger seine Stimme erhebt, dann fühlen wir uns manchmal zurückversetzt in die Zeit vor der Entstehung der Sprache, als die Stimme vor allem dazu diente, Gefühle auszudrücken. Unsere Vorfahren konnten Töne und Laute hervorbringen, die elementare innere Zustände widerspiegelten: Lust, Angst, Schmerz, Wohlgefühl, Trauer und Triumph. Wenn wir singen, dann sind auch heute noch jene Teile des Gehirns aktiv, in denen sich unser Gefühlsleben abspielt. Ist die Stimme Ausdruck der Persönlichkeit? Das Wort „Person" legt es nahe, es weist auf das lateinische Wort *personare* hin, was soviel heißt wie „durchklingen". Unsere Stimme ist kein unveränderliches körperliches Merkmal, sondern man kann sie formen und auf ihr spielen wie auf einem Instrument. Wir könnten unsere Mitmenschen viel genauer erfassen, wenn wir bloß sorgfältiger hören würden. Auch die eigene Stimme könnten wir sehr wirkungsvoll einsetzen.

Hier ein paar Ratschläge für eine wirksame Stimmpflege: Stellen Sie sich vor, Sie seien ein großer Klangkörper. Vielleicht ein Kontrabaß – ein großes, von oben bis unten schwingendes Gebilde, von einer senkrechten Achse gestützt. In Ihrem Unterbauch ist ein Blasebalg, der un-

ablässig für Luftzufuhr sorgt. Lassen Sie den Kontakt zu ihm nie abreißen, sonst hat Ihre Stimme keinen Halt. Und nun singen Sie, und zwar auf eine übertriebene Art, die Ihnen normalerweise vielleicht peinlich wäre. Voller Gefühl und mit übersteigertem Ausdruck. Vergessen Sie alle Konventionen und Ihre gute Kinderstube. Singen Sie Emotion pur. Halten Sie immer wieder inne, wenn der Kontakt zu Ihrem Blasebalg abreißt, und fangen Sie wieder von vorn an. Das sagt sich so einfach, aber vielleicht werden Sie nach ein paar Anläufen feststellen, daß Töne aus Ihrem Mund kommen, die Sie noch nie vorher vernommen haben. Vielleicht beginnt Ihre Nase und Ihr Körper bis in die Fußsohlen zu vibrieren. Spätestens dann werden Sie beeindruckt sein, was Ihre Stimme alles kann.

Wer leicht heiser wird, der spricht womöglich chronisch zu tief oder zu hoch. Um die Tonhöhe zu finden, die für Sie am entspanntesten ist, probieren Sie einmal folgendes:

Lassen Sie bei einem guten Essen Ihre Stimme behaglich mitbrummen oder mitsummen. Die so gefundene Tonhöhe markiert den unteren Bereich Ihrer Stimmlage. Ein bißchen darüber liegt Ihre Tonhöhe, die für Sie stimmig ist. Und wenn Sie darüber hinaus noch ein wenig Stimmpflege betreiben wollen, so stellen Sie sich einfach vor, Sie würden eine saftige Birne mit geschlossenem Mund kauen. Geben Sie dabei ein wohliges „Mmmm!“ von sich. Sie werden merken, wie die Schwingungen Ihrer Stimme durch den ganzen Körper fließen. Solche Übun-

gen kommen nicht nur Ihrer Stimme zugute. Ihr ganzer Körper wird sich danach wohl und belebt fühlen.

Haben Sie schon einmal jemanden mit Ihrer Stimme gestreichelt? Auch Stimmen können streicheln wie warme Hände. Legen Sie einmal eine Sprechpause ein, und summen Sie ein paar Töne für Ihren Nächsten. Er wird vielleicht im ersten Moment überrascht sein, aber er wird es Ihnen danken, denn Singen und Summen macht Lust und vertieft die Beziehung. Das ist nämlich der Grund, weshalb Tiere manchmal Ihre Stimmorgane erheben. Sie tun dies nicht nur, weil es Lust bereitet, sondern auch um ihrem Gemeinschaftsgefühl Ausdruck zu geben oder die Paarbeziehung zu stärken.

Singen ist vielleicht kein Allheilmittel, aber es entspannt. Es versetzt uns in den gegenwärtigen Augenblick, wo Freude, Lust und Harmonie ebenso natürlich sind wie das Atmen.

Gute Laune einladen

Schlecht gelaunt? Dann verdienen Sie ein paar besondere Streicheleinheiten. Wie wäre es zunächst einmal mit einem „Gute-Laune-Tee"? Am besten schmeckt mir folgendes Rezept:

2 EL Johanniskraut, 1 EL Melisse, 1 EL Apfelschalen mit einem Liter kochendem Wasser überbrühen. 10 Minuten zugedeckt ziehen lassen, dann etwas frisch gepreßten Orangensaft dazugeben und über den Vormittag ver-

teilt trinken. Sie können aber auch weniger aufwendige Tees ausprobieren. Wie wäre es mit Johanniskraut? Das hellt das Gemüt auf. Oder mit Passionsblume, die besonders bei Nervosität und unruhigem Schlaf angezeigt ist. Man kann sie auch als Tropfen drei mal täglich einnehmen. (Genannt: Passlyt oder Passedan.)

Wenn Ihre schlechte Laune mit Muskelverspannungen verbunden ist, dann gibt es eine sanfte Methode, die vor allem am Abend vor dem Schlafengehen angezeigt ist. Nehmen Sie ein warmes Bad mit Heublumen oder einer Mischung aus Melisse, Lavendel und Kamille, und baden Sie mindestens eine Viertelstunde in diesem Entspannungsbad, und gehen Sie danach gleich ins Bett.

Wenn Sie keine Tees oder Bäder mögen, um Ihrem Körper zu helfen, mit der schlechten Laune fertig zu werden, dann gibt es immerhin die Möglichkeit, an seiner inneren Einstellung zu arbeiten. Sie können sich entscheiden, Ihrer miesen Stimmung keine Beachtung zu schenken, denn was wir beachten, tendiert in der Regel dazu, größer zu werden. Anstatt Ihre Laune als schlecht zu beurteilen, stellen Sie sich vor, wie Sie schon morgen über das lächeln werden, was Sie heute plagt. So öffnen Sie Ihr Herz und behalten sich einen offenen Blick für jene Heiterkeit und Gelassenheit, die Sie stets umgibt, ohne daß Sie sie vielleicht bewußt wahrnehmen. Je heiterer Sie sich und anderen geben, desto ansteckender werden Sie für Ihre Umwelt und helfen gleichzeitig denen, die ihre schlechte Laune gern gegen ein Lächeln eintauschen würden. Ist das Lächeln eines Menschen nicht schöner als jeder Sonnenuntergang?

Gesunde Sinnenlust

Es gibt kindliche Sauereien, die wirklich Spaß machen. Wer je eine Schlammschlacht in einem Weiher oder in einem Moor mitgemacht hat, weiß, was ich meine. Und wer sich noch an die kleinen „Pfützenorgien" in den sommerlich warmen Pfützen nach einem Regenguß erinnert, der wird zustimmen, daß es Sauereien gibt, die einfach unglaublichen Spaß bereiten. Wer das bezweifelt, sollte einmal einem Kind eine Schüssel Schokoladenbrei und einen Löffel ins Patschhändchen drücken oder auf einer Teenager-Party eine Mohrenkopfschlacht miterleben. Ist das nicht höchste Lebenslust, die sich da ihren unzivilisierten Weg bahnt? Hand aufs Herz, wer kennt nicht solche sinnlichen Impulse, ganz harmlos wie beispielsweise das Drücken und Kneten eines glitschigen, widerständigen Teiges, oder die übervolle Sahneschüssel, die so danach ruft, dem Partner einen Klecks auf die Nase zu setzen. Haben Sie schon einmal so richtig den „Schmutzfinken" gespielt? Ich gebe zu, beim Unkrautrupfen oder beim Wechseln der Fahrradkette wird man auch schmutzig. Aber ich meine eher dieses unzivilisierte überschäumende Schwelgen im Wasser, Dreck oder Schlamm, wo wir dem „schmutzigen" Kind in uns näherkommen. Als Kinder wußten wir, was uns Spaß macht, und haben es einfach getan. Wir konnten durch den Regen hüpfen, in der Badewanne planschen, im Schlamm rutschen oder Sandkuchen backen. Versuchen Sie, diese einfache Lebensfreude wieder zu entdecken. Das heißt, mit dem Teil in Verbindung treten, wo dieses Kind in Ihnen noch lebt.

Vielleicht breitet sich ein Wohlbehagen in Ihnen aus beim Gedanken an diese animalische Sinnenlust, die ja auch damit zusammenhängt, daß wir auch ein Tier unter anderen auf diesem Planeten sind.

Eine herrliche und darüber hinaus auch gesunde Sinnenlust ist die Schlammtherapie. Hierbei wird man vom Hals bis zu den Füßen mit warmem Schlamm zugepackt. Seit ich weiß, wie sich das anfühlt, kann ich lebhaft nachvollziehen, was es heißt, wie eine Sau im Sumpf zu suhlen. Etwa eine halbe Stunde darf man in dieser feuchtwarmen Mutter Erde vor sich hin dämpfen. Durch die Allgegenwart des Schlamms verbietet sich jedes Lesen in einem Buch oder einer Zeitung. Man ist zum herrlichen Nichtstun gezwungen. Wenn man dann von der Bademeisterin abgespült wird, fühlt man sich nicht nur wie ein junges Ferkelchen. Man sieht auch so aus, die Haut ist frisch durchblutet und rosig.

Ähnliche Effekte hat auch ein Molkebad. Nach einer etwa zwanzigminütigen Zeit in dem warmen Molkewasser riecht man nicht nur wie ein junges Kälbchen, man fühlt sich auch wie frisch geboren, mit einer Haut, die jeden Liebhaber an unsere kindliche Unschuldigkeit glauben läßt.

Wer etwas weniger schlammige, gesunde Sauereien vorzieht, dem empfehle ich eine Salzpackung. Man rührt zwei Hände voll Meersalz mit Sauerrahm an und bestreicht den ganzen Körper damit. Nach einer halben Stunde Einwirkungszeit wird die Salzkruste abgewaschen. Danach geht es in die warme Badewanne. Wenn Sie etwas für Ihre innere Durchblutung machen wollen, gönnen Sie sich noch eine Kanne Rosmarintee dazu. Nach einer solchen salzigen Kur könnte man wohlig schnurren wie eine Katze, so wohl und so frisch geboren fühlt man sich. Es gibt wirklich wunderbare Freuden für die Sinne – auch für Erwachsene.

Behagen

Dieses wunderbare altmodische Wort würde ich gern wieder mehr in unserem Sprachschatz hören. Laut Wörterbuch stammt es aus dem Althochdeutschen *hac, hages* und bedeutet soviel wie Umzäunung. Heute sprechen wir von Abgrenzung, man grenzt sich ab, man schützt und sichert sich. Hohe Bäume, dicht gewachsene Büsche, Betonmauern und Drahtzäune symbolisieren die Grenze. Das schafft Fakten. Man grenzt sich nicht nur ein, man grenzt den anderen auch aus. Das läßt eher an Auseinandersetzung, Kampf oder Zwietracht denken. Wohingegen das Wort „Hag" an einen geschützten, friedlichen Raum denken läßt, wo es behaglich ist. Da ist es nicht nur angenehm, „higgelig", wie die Dänen sagen, sondern da sind wir auch geschützt und können uns so geben, wie wir sind. Wenn es draußen kälter und dunkel wird und es im Haus still geworden ist oder wenn es draußen regnet, donnert oder blitzt, dann wird es Zeit für ein wenig Behaglichkeit. Wir Menschen sind eben keine Wesen, die unabhängig von den Rhythmen der Natur existieren. Wie jedes Tier oder jede Pflanze brauchen wir Orte, an denen wir uns zurückziehen, einkuscheln, einrollen und aufgehoben fühlen. Welch ein Geschenk ist es, ein warmes Zuhause zu haben! Vielleicht möchten Sie sich in kuschelige Decken einhüllen und die warmen, handgestrickten Socken überziehen. Wenn Sie sich Behaglichkeit gönnen, tun Sie etwas Wichtiges für sich. Sie geben sich die Gelegenheit, Ihr inneres Gleichgewicht wieder herzustellen. Und noch mehr: Sie geben Ihrem Körper und Ihrer Seele das Signal: „Ich gönne mir Fürsorge, wie ich sie anderen gebe."

Leben und leben lassen, annehmen und aufnehmen, sowohl als auch, Frieden, Versöhnung und Kompromiß – das sind die Assoziationen, die mir zur Behaglichkeit einfallen.

Bilder von alten Gartenzäunen tauchen vor dem inneren Auge auf, Bächlein am Rande eines Grundstücks oder einfach locker aufgeschichtete Steine. Nichts Abschottendes, Abtrennendes, Ausgrenzendes, das den anderen draußen läßt, sondern nur Markierungen, die zulassen, daß man ein bißchen über den Zaun schauen kann, wie es dem anderen so geht. Denke ich an diese Bilder, so wird es mir richtig behaglich.

Sich restaurieren

Ins Restaurant geht man nur zu besonderen Anlässen, wenn man wirklich etwas zu feiern hat. So habe ich das gelernt. Natürlich kann nicht jeder Tag eine Party sein, aber warum sollte man nicht ab und zu einfach nur so ins Restaurant gehen? Sich ausführen, bedienen und verwöhnen lassen? Auf der anderen Seite frage ich natürlich, weshalb eigentlich? Zu Hause kocht man viel gesünder und oft auch besser, da weiß man, was man hat, da muß man nicht endlos warten und keine Leute sehen, die man freiwillig nie aufsuchen würde. Außerdem ist es preiswerter, und die Weine sind auch besser. Trotzdem tut man es immer wieder, also muß es da vielleicht tieferliegende Gründe geben für dieses herrlich überflüssige Sich-restaurieren-Lassen. Betrachtet man das Restaurant als Symbol, so ist das ja nicht allein ein Bild, sondern ein Erlebnis, das von uns immer wieder neu gefunden werden will. Beim Bild vom Restaurant fällt mir eine Pflanze ein, die an einen Stock gebunden wird, um Unterstützung für ihr Wachstum zu erhalten. Restauriert werden bedeutet für mich in diesem Sinne – unterstützt werden zum Sinnlichen und Lebendigen hin.

Feiern Sie etwas Kleines in einem Restaurant. Das Ende eines arbeitsreichen Tages, das Lob Ihres Vorgesetzten, die Errettung aus einer mißlichen Lage, die Erleichterung über einen positiven Bescheid, endlich den Schreibtisch aufgeräumt, einen unangenehmen Anruf erledigt, das Auto gewaschen, etwas Verlorenes wiedergefunden. Feiern Sie es. Jetzt ist der richtige Zeitpunkt für ein gemütliches Essen im Restaurant. Wenn Sie sich solche kleinen Feiern zur Gewohnheit machen, gewinnen die kleinen Ereignisse in Ihrem Leben eine größere Bedeutung und bleiben besser in Erinnerung. Aber auch nach einer Enttäuschung oder Niederlage können Sie besonders gut den Trost des Verwöhntwerdens gebrauchen. Das hilft auf eine angenehme Art eine Zeitlang zu vergessen, bringt Sie auf andere Gedanken und gibt neue Hoffnung und Energien. Vielleicht wollen Sie einmal statt der üblichen Kost etwas Ungewohntes essen? Wie wäre es mit einem indischen, türkischen, persischen oder griechischen Essen?

Kennen Sie vielleicht jemanden, der Ihnen in der letzten Zeit irgendwie behilflich gewesen ist? Laden Sie ihn in ein Restaurant ein und verwöhnen Sie ihn. Oder gibt es jemanden, den Sie gern überraschen oder näher kennenlernen würden? Die Einladung kann groß oder klein sein, lange geplant oder einem spontanen Einfall folgen. Sie ist eine gute Chance, den Teil in Ihnen zu entdecken, der offen für Spontanes und Großzügigkeit ist. Indem Sie einen anderen Menschen einladen, bestärken Sie Ihre Wertschätzung für ihn und seine ähnlichen Gefühle für Sie. Solche kleine Gesten gestatten, einander näher zu kommen, entspannter zu sein und etwas von den Mauern abzulegen, die uns oft von einander trennen.

Mit gutem Gewissen faul sein

Überall Arbeit: Menschen arbeiten an ihrer Karriere, ihren Beziehungen, ihren Problemen, ihren Körpern, ihren Hobbies, ihren Wohnungen. Morgens, wenn der Wecker klingelt, werden unsere Träume abrupt unterbrochen, die Arbeit ruft. Produktivität heißt das Spiel, das wir alle mitspielen.

Mal wieder lustvoll faul sein! Zeit für sich haben! Nicht auch noch in der Freizeit kreativ sein müssen, mal in die Badewanne steigen, ohne gleich Empfänger für irgendwelche Inspirationen zu sein. Wir wissen doch alle, wie herrlich es ist, einmal einen Vormittag im Pyjama zu verbringen, auf dem Sofa vor sich hinzuträumen, zum Fenster hinauszuschauen, und die anderen aus der faulen Distanz bei ihrem frenetischen Gerenne zu beobachten. Wie gesagt, nur einen halben oder ganzen Tag, nicht einen Monat – das würde depressiv machen. „Wo kämen wir hin, wenn das jeder täte!" tönt es von den Fleißigen. Keine Angst, ein bißchen Geschmack an Nichtstun und müßiger Anarchie bekäme unserer hektischen Zeit ganz bestimmt gut. Menschen, die einmal zu Hause bleiben, weil das Wetter schlecht ist, oder die bei gutem Wetter ihre Zeitung im Freien lesen und wenn es hagelt, donnert oder blitzt, einfach im Bett bleiben – solche Menschen würden uns und der strapazierten Natur gut tun. Wie wäre das, wenn wir auf die Sprache des Wetters mit unseren Antworten reagieren würden? Stundenlang im Buchladen oder in der Bibliothek verbringen, weil der Tag so grau ist. Einen Tag im Bett verbringen, obwohl man nicht nennenswert krank ist. Ausgiebig Radio hören oder im Garten herumwühlen, obwohl die Steuererklärung gemacht werden müßte. Auf der Ottomane dösen und endlos träumen. Wäre das nicht das pure Glück? Würde unser Welt nicht ein friedvollerer Ort sein, wenn wir uns gegenseitig das Recht auf Faulheit nicht nur wünschen, sondern auch gönnen? Natürlich macht es keinen Spaß, faul zu sein, wenn der Magen knurrt. Aber nach einem guten

Essen sich auf das Sofa kuscheln und die Welt draußen lassen ... Das Leben richtet sich so selten nach unseren Bedürfnissen. Warum tun wir es dann nicht einfach selbst? Solange wir die Beziehung zwischen Arbeit und Faulheit als sinnvoll sehen, ist dagegen doch nichts einzuwenden. Natürlich gibt es auch auf dem Gebiet der Faulheit verschiedene Begabungen und Temperamente. Ich glaube nicht, daß die Gefahr besteht, daß wir uns als Gesellschaft der Faulpelze entpuppen würden, zumal exzessive Faulheit ohnehin nichts mit Lust zu tun hat. Und darum: Machen Sie einen Anfang im Faulsein, auch wenn es erst einmal nur ein oder zwei Stunden sind. Sie werden einsehen: Faulsein ist mehr als nur eine Frage des Temperaments, es ist das wahre Glück.

Wannen-Wonnen

Sie sind müde und abgespannt nach einem langen Arbeitstag. Es gibt Sorgen und Kümmernisse, die sich nicht einfach wegschieben lassen. Dennoch tut es der Seele und dem Körper gut, wenn Sie sie wenigstens ein bißchen verwöhnen. Eine Hilfe könnte eine kleine Heim-Badekur sein, wenn Ihr Terminkalender eine längere Badekur in einem Thermalbad oder in einer Schönheitsfarm schon nicht erlaubt.

Wie wäre es mit einem Bad mit Badesalz aus dem Toten Meer? Oder bevorzugen Sie einen Badezusatz mit Algen? Ein Heublumenbad? Ein Lavendelbad? Zelebrieren Sie

Ihre persönliche Badewonne mit ein bißchen beruhigender Musik im Hintergrund, gedämpftem Licht oder vielleicht einer Kerze als Beleuchtung. Eine Tasse Kräutertee oder ein Glas Sekt neben der Badewanne, wenn das für Sie der Inbegriff von Lebensgenuß ist. Vielleicht hilft Ihnen eine Phantasiereise, auf der Sie sich vorstellen, daß Sie Ihr imaginäres Sorgenbündel vom warmen Wasser einfach wegspülen lassen, immer weiter weg, bis es Ihrem Körper völlig entschwunden und im Wasser aufgelöst ist. Spüren Sie, wie Ihr Körper immer leichter wird? Wie Ihre Seele alle Probleme losläßt!

Das Wichtigste an dieser Badewonne ist das „Nach-dem-Bade-sein-Gefühl". Gönnen Sie sich ganz bewußt etwas Liegeruhe und spüren Sie der Wirkung nach, die das Bad auf Ihren Körper hat. Vielleicht empfinden Sie ein angenehmes Vibrieren Ihrer Körperzellen. Dieses kurze Herausgehobensein aus dem Alltagstrott läßt Zeit und Streß vergessen. Man lebt ganz im wohligen Augenblick und vergißt eine Weile alles um sich herum.

Zufluchtsorte finden

Jeder Mensch hat seinen „sicheren Ort", der sich in seinem Inneren befindet. Er ist von Mensch zu Mensch verschieden. Für die einen ist es eine bestimmte Glaubenshaltung, ein Ort innerer Ruhe, eine bestimmte Art der Meditation. Vielen Menschen ist dieser Zufluchtsort vertraut, häufig wird er aber erst in Krisenzeiten oder bei Lebensumbrüchen wahrgenommen. Wenn ich mit meinen Patienten die Übung „Suche deinen sicheren Ort" durchführe, muß ich manchmal feststellen, daß ihre Suche danach oft ihr ganzes Leben außerhalb ihrer selbst stattgefunden hat. Um so befreiender ist die Erkenntnis, wenn sie plötzlich entdecken, daß sich der Ort ihrer Sicherheit in ihrem Innern befindet. Menschen, die sich bewußt werden, daß es etwas in ihnen gibt, das ihnen Frieden und Gelassenheit vermittelt, verändern sich. Sie erfahren, daß diese innere Ruhe verläßlicher ist als jedes Leisten, Streben und Suchen, das sich nach außen richtet. Wer seinen sicheren Punkt in sich selbst wahrnimmt, braucht sich nicht mehr zu verstecken. Er wird ruhig und friedlich und manchmal sogar weise, weil er weiß, daß es in ihm etwas gibt, das trägt, egal was um ihn herum geschieht. Vielleicht ist das der Grund, weshalb es mich immer wieder zu meinem Instrument zieht. Oft stehe ich sehr früh auf und spiele einfach ein paar Töne auf meinem Kontrabaß. Dieses Lauschen auf meine eigenen Töne läßt mein Inneres Ruhe finden. Es ist ein Frieden, der einkehrt, der unabhängig ist von meinen Freuden, Ängsten und Schmerzen. Diese innere Ruhe ist ein sicherer Ort, an den ich immer wieder zurückkehren kann. Er ist verbunden mit dem Gefühl tiefer Stimmigkeit.

Vielleicht nehmen auch Sie einen Ort der Ruhe in sich wahr, wo Sie Kräfte sammeln können. Ich kenne Menschen, die dieses Erleben in der Natur finden, bei den Bäumen oder an einem Bach, weil sie hier verbunden sind mit der umfassenden Stille der Natur. Was auch immer es ist, überlegen Sie einmal, was für Sie Ihr sicherer Ort ist. Ein Raum in Ihrem Körper, ein bestimmter Standpunkt, eine innere Gewißheit? Vielleicht hilft Ihnen das Bild von der Katze, die eine bestimmte Stelle in der Wohnung einnimmt, wo sie niemand aus der Ruhe bringen kann. An diesem Platz ist sie völlig entspannt – einfach sie selbst. Egal was um sie herum abläuft, dort ist sie sicher. Für jeden von uns gibt es diesen Ort der Sicherheit, man muß ihn nur wahrnehmen. Man spürt deutlich, wenn man ihn gefunden hat – man wird ganz ruhig und friedlich.

Berge versetzen

Viele Menschen hoffen darauf, daß Berge versetzt werden, dabei müßten sie doch einfach nur ihre Füße in Bewegung setzen und hinaufsteigen. Dieses Bild fällt mir oft ein, wenn Schwierigkeiten im Alltagsleben unüberwindlich scheinen. Wir alle sind auf einer Reise, auf einer Reise, die durch Täler und Berge führt, auf der Suche danach zu reifen, seelisch, geistig und spirituell. Unter diesem Aspekt kann man eine positive Einstellung gewinnen, auch wenn die Schwierigkeiten oder die Arbeit uns zu überwältigen drohen. Was könnte es nun im übertragenen Sinn bedeuten, Berge hinaufzusteigen? Wenn es um die Arbeit geht, schlage ich vor: Nur an einer Sache auf einmal arbeiten. Die Arbeit nicht dauernd unterbrechen, um festzustellen, wieviel man schon geschafft hat. Sich an einen bestimmten Rhythmus halten und ganz präsent sein. Nicht überlegen, wieviel noch zu tun ist. Und vor allem, auf Arbeit bereitet man sich nicht vor, indem man dauernd an Arbeit denkt und über Arbeit redet, sondern indem man arbeitet.

Diese kurzen Hinweise können eine nützliche Hilfe dafür sein, wie man mit einer positiven Einstellung mit anfallender Arbeit umgeht. Man kann im wahrsten Sinn des Wortes Berge versetzen, wenn man ein kleines Häufchen Arbeit nicht zu einem riesigen Berg anwachsen läßt. Vielleicht hilft ein Plan, an den man sich hält. Aber vielleicht genügt auch die gute Absicht, sich vorzunehmen, am tiefsten Punkt des Berges anzusetzen. Vergleichbar ist das mit einem Erdhaufen, den man abtragen will. Auch hier sticht man am tiefsten Punkt ein, so daß die Erde fast wie von selbst auf die Schaufel fällt. Und ebenso ist auch hier der feste Rhythmus wichtig, so daß der Haufen gleichmäßig abgetragen wird.

Nach fernöstlicher Weisheit beginnt auch der längste Weg mit dem ersten Schritt. Tun Sie ihn, und warten Sie nicht, bis ein unüberschaubarer Berg angewachsen ist oder das Ziel in noch größere Ferne reicht. Es ist sehr befriedigend, selbst etwas zu tun. Gibt es einen Berg in Ihrem Leben, den Sie gern versetzen würden? Dann wagen Sie den ersten Schritt! Denken Sie daran, auf Arbeit bereitet man sich nicht vor, indem man über Arbeit redet, sondern indem man anfängt.

Kitsch wärmt die Seele

Es tut gut, so ein kleines, warmes Eckchen zu haben, in dem nicht die objektiven Regeln des guten Geschmacks herrschen. Natürlich kann man über Kitsch streiten, für den einen ist er nutzlos, trivial, für den anderen ist er Seelenbalsam. Aber beim Kitsch geht es um mehr als um intellektuelle Spielereien. Kinder lieben Kitsch: den grellrosa Engel, den dramatischen Sonnenuntergang auf einem Foto. Kitsch spricht unmittelbar zu unseren Gefühlen, er rührt an unser inneres Kind, das so vielen Erwachsenen abhanden gekommen ist. Die Suche nach dem Besonderen, dem Erhebenden, dem Überschreitenden ist für unsere Kultur wesentlich und bedeutsam, aber auch das Niedliche, das Verspielte, das Überflüssige, das Rührselige, das Sentimentale braucht seine Nischen, vor allem wenn man das Ausmaß durchrationalisierter Strukturen bedenkt, die unsere Zeit angenommen hat. Kitschiges spricht unsere geheimsten Sehnsüchte an.

Insgeheim lieben auch Erwachsene Kitsch. Es ist wohltuend, einmal wieder in Verzückung zu geraten, die Tränen ungehemmt rollen zu lassen. Kitsch ist ja keineswegs nur auf Optisches beschränkt. Es gibt herrlich kitschige Musik. Evergreens oder Schnulzen, die längst Vergangenes in uns wieder hochspülen, besitzen sogar einen therapeutischen Effekt, weil sie uns unmittelbar mit unserer Vergangenheit verbinden. So kann verjährtes Erleben noch einmal aufblühen und dem Verstehen zugänglich werden. Wenn ich meine alten Schnulzen höre, dann überkommt mich eine Flut von Beziehungen und Bildern aus meiner Vergangenheit. Es gibt auch kitschige Bücher, die man immer mal wieder hervorholen sollte, einfach weil es sich dabei so herrlich schmunzeln oder vor Rührung weinen läßt. Manchmal, wenn das Stimmungsbarometer auf Tief steht, zieht es manche Menschen unwiderstehlich zu kitschigem Essen – einfach weil es die Geschmacksnerven so unmittelbar kitzelt. Diese kitschigen Süßigkeiten mit ihrem ausgeklügelten Konglomerat bunter Aromen, die wir uns als Erwachsene abgewöhnen mußten, sind zwar nicht gerade sehr gesund, aber sehr wirkungsvolle kleine Tröster. Hin und wieder kann man sich richtig von ihnen „trösten" lassen. Nur einen Nachteil haben sie, wenn man einmal damit anfängt, diese knallfarbenen Bonbons oder Gummibären zu lutschen, dann ist es wahrhaft schwer, wieder aufzuhören, weil die ganze Welt um einen herum plötzlich so süß, so wohlig, so bunt und so einfach wird.

Also ich mag Kitsch, denn er hat einen Vorteil – er tut der Seele gut. Ich bin sogar der Meinung, daß man nicht viel Herzenswärme von Menschen erwarten kann, die Kitsch grundsätzlich ablehnen. Selbst wenn Kitsch traurig oder melancholisch stimmt, ist er immer auch schön und positiv. Kitsch erreicht unsere Gefühle auf kürzestem Weg und wirkt wie ein Weichzeichner im rauhen Alltag, und die harten Konturen des Lebens werden ein bißchen weicher und runder.

Leben mit anderen teilen

Unsere Nächsten als Lehrer

Kontakte, Begegnungen und Beziehungen sind mehr als Austausch, Zeitvertreib oder Gewohnheit. Sie können ein Weg sein, auf dem wir lernen, die Lektionen des Lebens zu erkennen und zu verstehen und die Haltungen zu üben, die uns reifen und wachsen lassen. Jeder von uns besteht aus einer Mischung verschiedener Eigenschaften oder Persönlichkeitsanteilen. Gerade diese oft widersprüchliche Mischung macht das Leben interessant, weil es immer wieder für Überraschungen sorgt und Neues zu lernen gibt. Vor allem von den Kindern. Ihre unbefangene Art des Fragens ermutigt auch uns, die Dinge einmal anders oder neu zu sehen. Kinder zwingen uns, unser Tempo zu verlangsamen, den Kleinigkeiten Aufmerksamkeit zu schenken und Dinge zu entdecken, die wir aus den Sinnen verloren haben. Seine Nächsten als Lehrer zu betrachten, hat nichts mit Idealisierung zu tun. Idealisierungen machen es uns im Gegenteil schwer, offen und wachsam zu sein. Wenn wir aber unsere Beziehungen dahingehend erweitern, daß wir jeden, der uns tagtäglich begegnet, als potentiellen Mentor oder Lehrer betrachten, wird jede Begegnung in uns Fragen und Herausforderungen auslösen, die uns weiterbringen.

„Was kann ich mir von diesem Menschen aneignen? Worauf weist er mich hin? Was kann ich von ihm lernen? Was verkörpert er für mich? Welche Herausforderung bedeutet er für mich? Welche ungelebte Seite von mir lebt er? Wofür steht er gerade in dieser Phase meines Lebens?"

Lehrer treten in vielfältigen Verkleidungen und Maskierungen auf. Oft sind es gerade die Menschen, die wir ablehnen, oder von denen wir glauben, nichts lernen zu können. Manchmal sind sie es, von denen wir am meisten lernen. Es kann auch sein, daß uns in unseren Mitmenschen das begegnet, was in uns wach werden und gelebt werden will. Vieles, was das Leben uns an menschlichen Begegnungen präsentiert, scheint auf den ersten Blick oft schwierig oder unsinnig. Aber nach einer Weile entdeckt man vielleicht, daß man gerade aus schwierigen Begegnungen viel lernen kann. Ich denke beispielsweise an unzuverlässige Menschen, durch die man lernen kann, mit der eigenen Ungeduld und Selbstgerechtigkeit umzugehen. Vor allem mit unbequemen Menschen entdeckt man Seiten in sich, die man womöglich nie durch seine Freunde erfahren hätte. Konfuzius, ein chinesischer Weiser, erklärte, der beste Weg für einen Mann, spirituell zu reifen, sei, eine streitsüchtige Frau zu heiraten (das gilt natürlich auch umgekehrt!). Ich möchte das dahingehend übersetzen: „Versuchen Sie einmal, jeden Menschen oder jedes Ereignis, vor allem auch die weniger erfreulichen, als Lehrer oder Spiegel zu sehen, die Ihnen wichtige Lernbotschaften zu übermitteln haben." Überlegen Sie einmal, wer alles zu den Menschen gehört, die Sie geprägt haben. Wie viele Lehrer gab es in Ihrem Leben, von denen Sie Wichtiges lernen konnten, vielleicht ohne deren Wissen?

Kleine Gespräche

Viele tun das kleine Gespräch als banal oder unwichtig ab. Deswegen graut ihnen vor gesellschaftlichen Anlässen. Das kleine Gespräch – der Small Talk – ist für sie eine Kunst der Leerformeln, ein oberflächlicher Zeitvertreib oder überflüssiges Partygeschwätz. Doch selbst wenn die Gespräche nur um Alltägliches, Belangloses kreisen, so erfüllen sie doch eine wichtige Funktion. Sie signalisieren Verbundenheit und schaffen Verbindung. Man rückt einander näher und erhält Resonanz. Kleine Gespräche sind ein Lebenselixier, das aus der Isolation führt. Sie heben das Selbstwertgefühl, das ja wesentlich davon abhängt, ob und wie wir mit den anderen in Beziehung treten. Man könnte sogar sagen, die Kunst des kleinen Gesprächs ist eine lockere, spielerische Form von Beziehung. Hauptsache man kommt einander näher, wobei es gar nicht so wichtig ist, worüber man spricht, sei es über die neuesten Steuerreformen, die Affären amerikanischer Präsidenten oder schneesichere Winterurlaube. Wichtig an diesen kleinen Gesprächen ist nicht so sehr der Inhalt, denn egal, worüber wir sprechen, wir sprechen letztlich immer über uns selbst. Wir teilen immer etwas von uns selbst mit. Hauptsache ist es, Gemeinsamkeiten zu finden und sich dadurch etwas näherzurücken. Dieses Sich-näher-Kommen geschieht über unverbindliche Themen viel einfacher als über tiefgreifende große. Der Weg zu den großen Themen gelingt erst über die kleinen Annäherungen, in denen man ausloten kann, wieviel Nähe verträglich und bekömmlich ist. Kleine Gespräche liefern eine Bühne, auf der man zwanglos und unverbindlich ausprobieren und entdecken kann, wie weit man sich einlassen möchte. Die Stärke des kleinen Gesprächs liegt in seiner Offenheit und Zwanglosigkeit. Dabei kann man das Zugehen auf andere Menschen üben, sich in Geschichten verwickeln lassen, Neues erfahren und lernen. Deswegen mein Vorschlag: Probieren Sie doch einmal den ersten Schritt. Gehen Sie auf jemanden zu, den Sie noch nicht kennen. Machen Sie sich mit dieser Person bekannt, und stecken Sie sie mit Ihrem Interesse an. Überlegen Sie sich ein, zwei Themen, über die Sie gern mit dieser Person sprechen würden, und genießen Sie es, in die Welt eines neuen Menschen einzutauchen. Egal, ob sich daraus mehr ergibt, genießen Sie die Unterhaltung. Amüsieren Sie sich. Gute Laune steckt an. Je mehr Sie die kleine Unterhaltung üben, desto geläufiger kommen Ihnen die richtigen Worte über die Lippen. Das Geheimnis des kleinen Gesprächs liegt nicht unbedingt darin, daß man ein sprühender Unterhalter ist. Ein wenig Verbindlichkeit genügt – und das können auch Sie vermitteln.

Kleine Gesten

Wir können jeden Tag zu einem besonderen machen, wenn wir uns darauf besinnen, einander kleine, unerwartete Freuden zu bereiten. Meist sind es nicht die seltenen großen, sondern die kleinen unverhofften Gesten und Aufmerksamkeiten, die uns dankbar und zufrieden machen. Wenn wir anderen kleine Gesten der Aufmerksamkeit schenken, lernen wir auch, unser eigenes Leben mit anderen Augen zu sehen. Nicht nur der Beschenkte, auch man selbst fühlt sich besser, willkommener, reicher und geschätzter, denn man kommt durch diese kleinen Gaben mit Güte und Barmherzigkeit in sich selbst in Berührung.

Kleine Gesten sind wie Glücksmomente. Ein warmer Blick. Die Tasse Kaffee bei der Nachbarin. Ein Glas Wasser nach einer Wanderung. Kinderlachen. Das Kompliment über die neue Frisur. Post von einem Freund. Eine Berührung. Wenn ich darüber nachdenke, was mein Vertrauen in das Leben am nachhaltigsten geprägt hat, so waren es meist die kleinen unverhofften Gesten und Aufmerksamkeiten, die man nicht planen, nicht erzwingen, nur erleben kann. Die Tasse Kaffee, die mir ein Freund ungefragt hinstellte, meine geliebten Laugenbrezeln, die mir meine Schwester vor die Küchentür stellte, die witzige Zeichnung, die mir ein Freund in meine Orgelnoten legte, die originellen Zettel, die mir mein Mann immer wieder schreibt, ein Paar lustige Hausschuhe, die mir eine Freundin besorgte – ganz zu schweigen von den unzähligen Kuchenstückchen, mit denen mich meine Mutter immer wieder überrascht. Sie alle haben kleine Wunder an mir vollbracht.

Wie oft spürt man den Impuls, jemandem etwas Gutes zu tun. Wenn solche Gedanken nur ein schönes inneres Gefühl bleiben, sind sie zwar angenehm, aber sie nützen niemandem etwas, wenn sie nicht in die Tat umgesetzt werden. Kleine Gesten bereichern die Welt und uns selbst, wenn sie gelebt werden. Wenn Sie jemandem eine kleine Aufmerksamkeit schenken wollen, gleichgültig, ob der andere etwas für Sie getan hat oder auch nicht, so können Sie beispielsweise damit beginnen, für einen Bekannten etwas zu besorgen. Wenn Sie zufällig sehen, daß jemand schwer zu tragen hat, können Sie Ihre Hilfe anbieten. Wie wäre es mit einem aufmunternden Zettel, den Sie auf einem Schreibtisch hinterlegen? Oder jemandem den Vortritt lassen, jemandem einen schönen Stein schenken, eine Blume an den Arbeitsplatz hinstellen, ein geliebtes Buch weiterschenken oder einfach einen liebevollen Gedanken aufschreiben und weitergeben: Es gibt unendlich viele Möglichkeiten, wie Sie ohne großen Aufwand mit ein wenig Aufmerksamkeit das Herz Ihrer Mitmenschen wärmen können. Jede Berührung, die wir einem Menschen zuteil werden lassen, erzeugt eine Resonanz, das Bewußtsein eines größeren Zusammenhangs. Es kostet meist nichts oder nicht viel mehr als ein paar Minuten Zeit, aber es strahlt weiter als wir es uns vielleicht denken. Gelegenheiten, einander Gutes zu tun, gibt es mehr als genug. Sie müssen es nur tun.

Zuhören verbindet

Zu meinen schönsten Kindheitserinnerungen gehören die Gespräche rund um den Küchentisch. Wir saßen einfach um den Tisch herum und erzählten einander Geschichten. Das war viel mehr als einfach Zeitvertreib. Wir schenkten einander Zeit – Zeit zum Innehalten, zum Staunen, zum Fragen, zum Lachen und zum Nachdenken. Wir brauchten kein Fernsehgerät, weil wir unsere eigenen Geschichten, Erlebnisse und konkreten Erfahrungen austauschten. Geborgenheit und ein vertrautes Gefühl verbinde ich mit diesen kostbaren Küchentischgesprächen, in denen sich das entwickeln konnte, was für uns alle so wichtig ist: einander zuzuhören. Dieses Zuhören bereichert mehr als jede Lektüre. Man lernt seine eigene Geschichte besser zu verstehen und zu erzählen und auch, an den Geschichten der anderen teilzunehmen und zu erkennen, daß das ganze Leben aus solchen kleinen Geschichten gefügt ist.

Jede Geschichte, die ein Mensch erzählt, ist kostbar und einmalig. Es geht nicht einmal darum ob sie objektiv wahr ist, sondern darum, wie jemand seine Erfahrungen erlebt, wie er das, was ihm widerfährt, auf seine persönliche Art und Weise deutet und verarbeitet. Dabei mischen sich stets Fakten und individuelle Interpretationen. Das ist auch gut so, denn dadurch nehmen wir am Leben des anderen teil. Das ist weit mehr als eine objektiv exakte Beschreibung einer Begebenheit. Sämtliche Geschichten, die wir erzählen, drücken etwas aus über uns – unsere persönliche Wahrheit. Dabei geht es nicht so sehr um die Ereignisse an sich als vielmehr darum, wie wir sie erleben. Darin liegt ihre Stärke, denn so lernen wir, daß Wahrheiten immer subjektiv sind. Vertrautes erscheint im neuen Licht, und man erkennt, daß ein Ereignis von verschiedenen Menschen ganz unterschiedlich gesehen und gewertet werden kann. In solchen Momenten geht es nicht um richtig oder falsch, sondern um Teilnahme am Leben des anderen.

Geschichten, die wir mit anderen austauschen, wecken ein Gefühl der Zusammengehörigkeit und Geborgenheit. Man lernt nicht nur die anderen besser kennen, man erfährt auch eine Menge über sich selbst dabei. Man kann jetzt schon beginnen, ein bißchen Erzählkultur an den Küchentisch zu zaubern. Man braucht nur einen Tisch, ein paar Stühle, einen guten Kaffee oder Tee und Personen, die einander zuhören. So erfahren wir mit einfachen Mitteln, wer wir sind, wohin wir gehören und was uns trägt.

Versöhnlich werden

Wenn Menschen miteinander leben und arbeiten, ist es nur natürlich, daß es gelegentlich zu Enttäuschungen und Vertrauensbrüchen kommt. Keine Beziehung ist gefeit gegen Verständnismangel, Egoismus, Rechthaberei, Verletzung, Kränkung oder Streit. Doch solange die Fetzen noch fliegen, geht es immerhin noch lebendig und heiß zu, und es gibt Hoffnung auf Veränderung. Schlimmer ist die seelische Funkstille, die jeden mit angestauten Paketen von Rachegefühlen, unerledigten Abrechnungen und Ressentiments zurückläßt. Wohl jeder weiß, daß es besser ist, als erster abzurüsten und um Verzeihung zu bitten, um diesen Seelenmüll zu entsorgen, damit man wieder frei wird für anderes. Aber kaum ist man mit konkreten Problemen konfrontiert, wird die Versöhnung schwierig. Oft weiß man nicht, welche Schritte nötig sind, um wieder auf den anderen zuzugehen. Man weiß zwar, daß menschliches Leben nur weitergeht, wenn man sich immer wieder gegenseitig von den Folgen befreien würde, die man einander angetan hat, aber man weiß nicht wie.

Jeder von uns hat die tägliche Versöhnung nötig, weil wir alle immer wieder gegen die Liebe handeln. Deswegen ist Einsicht ein erster Schritt. Lassen Sie sich Ihre Vorwürfe oder Verfehlungen noch einmal durch den Kopf gehen. Vielleicht finden Sie heraus, inwiefern Sie selbst Veränderungsschritte unternehmen müssen, um Ihre Versöhnungsbereitschaft zu dokumentieren. Sich tatsächlich versöhnen bedeutet auch, Vertrauen anzubieten, Vorschuß zu geben, um Verzeihung zu bitten, als erster die Hand zu reichen und wieder einzuladen. Das ist weder naiv noch gutgläubig, vielmehr erfordert es Mut, dem anderen ohne Berechnung und ohne Vorbehalte zu trauen. Vertrauen ist Gutwerde-Energie, sie stiftet Frieden und Gemeinsames. Man muß sie nur einsetzen und austeilen, denn Vertrauen macht den Nächsten gut. Meist kommt Versöhnung nicht durch langwierige Analysen der Konflikte zustande, sondern durch Kompromisse. Jeder kommt dem anderen ein Stück entgegen und macht ein paar Abstriche. Es genügt aber nicht, nur „Entschuldigung“ zu sagen. Notwendig ist auch die gegenseitige Frage: „Was brauchst du noch?“ Wenn Sie also die Ursache Ihrer Konflikte erkannt haben, einander verziehen haben, dann sollten Sie einander nahekommen durch gemeinsame Handlungen, denn man muß es irgendwie wieder gut machen. Das sichtbare Bemühen um ein neues Miteinander, das kann ein gemeinsamer Spaziergang, ein besonderes Mahl oder ein Versöhnungsritual sein, verändert die Wahrnehmung und belebt die Gefühle viel nachhaltiger als jedes Lippenbekenntnis.

Längerfristige Beziehungsprobleme haben oft zur Folge, daß man am anderen vorwiegend negative Eigenschaften wahrnimmt. Um aus dieser Negativspirale herauszukommen, ist viel Behutsamkeit und Großzügigkeit notwendig. Überlegen Sie also, wie Sie den anderen erfreuen oder wertschätzen können. Verwöhnen Sie ihn, geben Sie ihm Anerkennung, und tun Sie etwas, das den anderen überrascht: Ein kleines Geschenk, ein paar gemeinsame Stunden oder einfach der Satz: „Es ist schön, daß es dich gibt!“ All dies erinnert daran, daß es im anderen etwas gibt, das wir lieben und das uns Freude macht. Es entsteht ein Wir-Gefühl, und die negative Wahrnehmung kehrt sich wieder ins Positive. Es ist die hohe Schule der Menschlichkeit, wenn wir einander immer wieder die Hände reichen. Nur durch dieses immer wieder neue gegenseitige Sich-Entlasten können wir wieder neu beginnen und frei werden. Tun Sie den ersten Schritt, und die Freude wird in ihr eigenes Herz wieder zurückkehren.

Schwierige Menschen

Kommen Sie manchmal mit Menschen in Kontakt, die Ihnen auf die Nerven fallen, die Sie als schwierig empfinden, oder mit Menschen, in deren Gegenwart Sie sich klein, häßlich und minderwertig fühlen? Man solle ihnen freundlich begegnen, denn sie brauchen es besonders, so heißt es in wohlmeinenden Ratgebern. Aber dazu braucht es nicht nur Selbstsicherheit, sondern auch einiges an Übung, denn schwierige Menschen können einen an die Grenzen der Toleranz und der Nächstenliebe bringen. Manchmal fühlt man sich auch schlicht überfordert, weil es keine Einrichtungen gibt, wo man den Umgang mit schwierigen Zeitgenossen so richtig lernen kann. Vielleicht kann Ihnen aber diese von der tibetischen Philosophie inspirierten „Toleranz-Übung" eine Alltagshilfe bieten:

Vergegenwärtigen Sie sich den betreffenden schwierigen Menschen vor der nächsten Begegnung ganz lebendig und bewußt. Versuchen Sie, in der Phantasie gleichsam in ihn hineinzuschlüpfen. Danach wiederholen Sie mehrmals folgende Merksätze:

1. Dieser Mensch reagiert auf Trauer, Enttäuschung oder Einsamkeit genauso verletzt wie ich selbst.

2. Dieser Mensch hat wie ich in seinem Leben schon Leid, Schmerz und Verlassenheit erlebt.

3. Dieser Mensch braucht Zuwendung, Verständnis, Wohlwollen, Glück und Liebe genauso wie ich.

Wenn diese Übung auch bei Ihrem Gegenüber keine schlagartige Verwandlung bewirkt, so erleben Sie aber wahrscheinlich, daß Sie diesem Menschen mit einer anderen Haltung gegenübertreten. Sie werden ein wenig selbstsicherer, gefaßter und liebevoller auftreten als bisher.

Da ich – durch meinen Beruf – oft schwierigen Menschen begegne, stoße ich manchmal an Grenzen, wo ich frage: Lohnt sich die Mühe? Ungeachtet aller Schwierigkeiten muß ich das bejahen, weil ich im Umgang mit diesen Herausforderungen immer auch mir selbst helfe. Der Umgang mit schwierigen Menschen steht immer in einer engen Wechselbeziehung mit den eigenen problematischen Seiten. Der Einblick in die Seele eines schwierigen Menschen ist immer zugleich Einblick in meine eigene Seele, wenn es mir gelingt, mich an die Stelle des anderen zu setzen. Die Geduld, die ich einem anderen gegenüber aufbringe, macht auch mich toleranter gegenüber den Hürden meiner eigenen Entwicklung. Wahrscheinlich stecken hinter allen menschlichen Schwierigkeiten immer ähnliche Ängste, Unsicherheiten und Mangel an positiven Lebenserfahrungen. Und weil dieser Hintergrund mit seinen verschiedenen Wunden uns alle irgendwie betrifft, können wir bei jedem gegenseitigen Verstehen uns zugleich auch gegenseitig weiterhelfen.

Nein sagen

Vielen Menschen fällt es schwer, nein zu sagen. Nein sagen bedeutet nichts anderes als zu lernen, sich zu behaupten. Würden Sie auch gern mehr Zeit haben, um sich Ihren Freunden und Hobbies widmen zu können? Möchten Sie auch lieber mit weniger Streß, aber dafür mit mehr Genuß leben? Hier ein Tip, wie man das erfolgreich anfängt. Sagen Sie freundlich nein. Nein ist ein eindeutiges Wort, das Grenzen zieht, das Ihnen hilft, für sich selbst einzustehen und gegenüber anderen eine klare, vorwurfsfreie und gewaltlose Stellung zu beziehen. Es ist ein Wort, das Klarheit schafft, Ihre Selbständigkeit bekräftigt und anderen zu verstehen gibt, wo Sie gerade stehen. Nein setzt Prioritäten und schützt vor Selbstaufopferung und kräftezehrenden Verpflichtungen. Es heißt ja sagen zu sich selbst.

Der verständliche Wunsch, andere zu schonen, macht ein einfaches Nein oft schwierig. Hier kann man, ohne andere zu verletzen, eine Begründung liefern, z. B. „Nein, ich kann nicht kommen, weil ich schon andere Pläne habe". Eine weitere Möglichkeit wäre, das Nein mit einem alternativen Angebot zu verknüpfen, z. B. „Heute abend bin ich zu müde, um mit dir auszugehen. Wie wäre es mit morgen abend?" Das Neinsagen verstärkt das Gefühl, daß wir Wahlmöglichkeiten haben. Manchmal ist aber ein einfaches Nein die beste Lösung, z. B. im Umgang mit aufdringlichen Menschen, mit denen man sich nicht auf eine Auseinandersetzung einlassen möchte. Ob mit oder ohne Erklärung, ein freundliches Nein ist der beste Schutz vor Angeboten, Bitten oder Forderungen, die unsere Energiequellen anzapfen. Das Einstehen für die eigenen Bedürfnisse gibt uns Prägnanz, so lernen die anderen uns weit besser kennen, als wenn wir weiterhin ja sagen, obwohl wir eigentlich nein meinen. Natürlich gibt es Situationen, in denen man unsicher ist. Aber hier haben wir in unserem Körper einen wertvollen Verbündeten, der uns durch seine Signale darauf hinweist, wenn wir unsere Grenzen übergehen. Achten Sie bei jedem vorschnellen Ja auf Anzeichen, die sich bemerkbar machen: ein Gefühl der Müdigkeit, schlechte Stimmung, Gereiztheit. Diese Signale sollten Sie ernst nehmen und als Chance werten, Ja zu sich selbst zu sagen, was eben damit einhergeht, daß man nein zu jemand anderem sagen muß. Mit der Ermutigung zum Neinsagen möchte ich keineswegs zur Hartherzigkeit verleiten. Im Gegenteil, je klarer wir unseren Standpunkt vertreten, desto weniger aggressiv werden wir und die anderen. Und wenn unser Ja aus dem Herzen kommt, erhält es viel mehr Bedeutung und Kraft.

Warum nicht tauschen?

Eine schöne Möglichkeit, die Abhängigkeit vom Geld zu verringern und dennoch zu Dingen zu kommen, die man sich sonst nicht leisten könnte, ist das Tauschen. Durch das Tauschen lernt man, daß man neue Dinge nicht unbedingt kaufen muß, sondern sie für Dinge einhandeln kann, die man bereits hat. Mit einer Freundin praktiziere ich das mit Kleidungsstücken. Wir tauschen Kleider für einen bestimmten Zeitraum aus und geben sie anschließend wieder zurück. Durch diese „wandernden" Kleidungsstücke entsteht ein lebendiger Fluß von Geben und Nehmen, verbunden mit der Freude und Lust an immer neuen Kleidern. Wenn man nämlich seine eigenen wieder zurückerhält, erlebt man sie wieder wie neu.

Tauschen Sie mit jemandem ein Kleidungsstück. Suchen Sie sich jemanden aus, ein Familienmitglied, Freund oder Bekannten, dessen Geschmack Sie schätzen, und finden Sie heraus, wie es sich anfühlt, seine oder ihre Kleidung zu tragen. Auf diese Weise ist es herrlich einfach, seine Garderobe zu erweitern. Außerdem schafft es eine intime Beziehung zu einem anderen Menschen, von der beide Tauschpartner bereichert werden. Es verändert nicht nur die üblichen Kaufgewohnheiten, es erlaubt auch kleine Experimente ohne allzu großes Risiko. Wenn Ihr Spiegel sagt, daß es Ihnen nicht steht, können Sie es ja wieder zurücktauschen gegen etwas anderes. Oder Sie behalten es, weil es Ihnen gefällt, und bieten dafür eine Gegenleistung.

Man kann auch Hilfsdienste austauschen, indem man beispielsweise jemanden, der vor einer Prüfung steht, abfragt oder abhört, der dann als Gegenleistung die Kinder stundenweise hütet. Oder man findet jemanden, der gerne putzt und bietet im Gegenzug Gänge zu Ämtern, Briefeschreiben oder Besorgungen an. Verstaubt in Ihrer Küche vielleicht ein Küchengerät ungenutzt? Unter Umständen hat ein Freund ein Fahrrad, das er nicht benutzt. Trennen Sie sich von diesen Ge-

genständen, die Sie ohnehin kaum nutzen, um damit etwas zu erwerben, was sie gebrauchen können. Es kommt nicht so sehr darauf an, ob die ursprünglichen Preise vergleichbar sind, als vielmehr auf die Freude am Tauschgeschäft. Jeder hat etwas zu bieten, was für andere von Interesse sein kann. Überlegen Sie einmal, was Ihnen gut liegt. Können Sie bügeln, stopfen, malen, Marmelade kochen, Kuchen backen, singen, töpfern, massieren oder gut mit Hunden umgehen? Wie steht es mit Ihren Begabungen? Wäre es nicht eine großartige Methode, Begabungen auszutauschen und dadurch gleichzeitig neue Beziehungen zu knüpfen oder alte zu vertiefen? Gewinnt man nicht ein Stück Freiheit zurück, wenn man seine Abhängigkeit vom Geld reduziert? Es ist sehr tröstlich, zu Dingen oder Handreichungen zu kommen, die man sich sonst vielleicht nicht leisten könnte …

Miteinander feiern

Feste sind schön. Was wäre das Leben ohne Feste? Feste begleiten gewissermaßen unseren Alltag. Der jährlich wiederkehrende Geburtstag, der Namenstag, der Hochzeitstag, Weihnachten, Ostern, der Jahreswechsel, eine endlose Liste vorgegebener Festtage prägt unseren Jahresablauf. Der Alltag selbst kann zu einem festlichen Ereignis werden, wenn wir am Abend bei hübsch gedecktem Tisch, Kerzenschein und angenehmer Musik mit Freunden den Tag ausklingen lassen. Ohne die

Lichter der Feste wäre unser Alltag grau, öde und erschöpfend. „Saure Wochen, frohe Feste!" dichtete Johann Wolfgang von Goethe und gab damit der Notwendigkeit nach einer Rhythmisierung des Lebens in Alltag und Fest gültigen Ausdruck.

Besonders zu Weihnachten fragen sich viele, wie sie diese unausweichlichen Feste heil überstehen können. Die Ängstlichen haben ihre Schwiegereltern in den Süden verfrachtet, die Vorsichtigen haben sich selbst auf einer Insel in Sicherheit gebracht. Doch gibt es immer noch genügend andere, die sich Familie, Verwandtschaft und Tradition verpflichtet fühlen. Was bleibt ihnen? Vor allem, wenn die Kinder quengeln, die Eltern überreizt und müde, die Verwandten unerträglich sind?

Haben Sie schon einmal mit Freunden oder Familie darüber gesprochen, was Weihnachten für jeden von ihnen bedeutet? Lädt nicht gerade die vorweihnachtliche Zeit dazu ein, sich bei Kerzenschein zusammenzusetzen, einmal tiefer in sich hineinzuhorchen und sich darüber auszutauschen? Vielleicht gelingt es nach solch einem Gespräch, die Festtage auf eine Art und Weise zu begehen, die Ihnen und Ihrer Familie entspricht. Es hat ja keinen Sinn, Traditionen aufrechtzuerhalten, die einem nichts mehr bedeuten. Man muß auch nicht den ewig gleichen Konsumterror mitmachen, der zu diesen Jahresendfesten herrscht. Statt dessen kann man einmal etwas anderes ausprobieren. Beispielsweise diese schöne indianische Tradition, bei der man wirklich von Herzen schenkt: Man gibt von dem, was man hat bzw. trennt sich von etwas, das man liebgewonnen hat.

Was immer hilft, ein Fest zum Gelingen zu bringen:

schön essen und gut trinken. Nicht nur, weil es Spaß macht, Geist, Körper und Seele zusammenhält, sondern auch, weil es eine harmlose und bekömmliche Mischung ist, die die Familienbande wieder stärken kann. Gibt es eine einfachere Möglichkeit, die einer natürlichen Fröhlichkeit den Weg bahnen kann und sogar über manche Peinlichkeiten hinweghilft? Ich gebe zu, es gibt geistreichere Möglichkeiten, aber ab und zu dürfen wir uns ruhig auf alte, bewährte Mittel besinnen, zumal sie außer ein bißchen Phantasie und Schaffensfreude wenig benötigen, um die Situation spielerisch zu meistern.

Die Devise muß lauten: große Wirkung mit wenig Aufwand. So schonen Sie Ihre Nerven, und Ihre Erwartungen werden sich im Rahmen halten. Wie wäre es also mit einem wunderbaren „Weihnachts-Cocktail", das schon so manches Familienfest in ein feuchtfröhliches verwandelt hat. Das Rezept stammt von Wolfram Siebeck und wird Ihnen und Ihrer Familie in unvergeßlicher Erinnerung bleiben, weil es einfach umwerfend gut ist: 1 Flasche Wodka, 1/2 Flasche Gin und 1 Flasche Sauternes mit dem Saft von 8 Orangen und 2 EL Quittengelee im Mixer schaumig quirlen. In großen Gläsern mit einem Sahnehäubchen und geriebener Schokolade verzieren. Es versteht sich von selbst, daß man danach lieber zu Fuß geht oder ein Taxi nimmt.

Als Vorspeise empfehle ich einen Orangen-Advocadosalat, und als Hauptspeise statt der üblichen Weihnachtsgans in Salz gebackene Rote Beete vom Blech. Ein vegetarisches Hauptgericht, das selbst Fleischfans in Verzücken setzen wird, weil es aromatischer als jedes saftige Steak schmeckt. Avocados und Rote Beete sind

Geschwister, ihre gemeinsame Mutter heißt Einfachheit und Bequemlichkeit. Sie müssen aber keineswegs langweilig schmecken, wenn man sie mit ein bißchen Pfiff würzt. Deswegen empfehle ich für die Avocado-Salatsauce folgende Mischung: 3 EL Olivenöl, 2 TL Nußöl, 1 EL Zitronensaft, 1 Prise Cayenne und etwas Salz.

Orangen-Avocado-Salat

Die Avocados bearbeitet man am besten kurz vor dem Servieren, weil sie schnell braun und häßlich werden. Sie werden geschält, halbiert, entkernt und in dünne Scheiben zerlegt. Die Orangen schält man ebenfalls und schneidet sie in dünne Scheiben. Auf Tellern werden nun in schrägen Schichten je eine Scheibe Avocado und eine Orangenscheibe angerichtet. Mit getrockneten oder frischen Basilikumblättern verzieren, welche durch ihr Aroma als ansehnliche Geschmacksveredelung wirken. Über alles wird nun die Salatsauce und ein paar zerhackte Walnüsse gestreut.

Rote Beete vom Blech

Für ein Backblech ca. 15 kleine Rote Beete waschen, Blätter und Wurzel abschneiden. 1 bis 1 1/2 kg grobes Salz auf dem Blech verteilen, Rote Beete hineinsetzen, in den Ofen schieben, bei 220° etwa eine Stunde backen. Rote Beete im Salz servieren, so bleiben sie warm. Dazu kann man eine Zitronen-Dill-Butter, grobes Salz und frisches Brot stellen. Natürlich schält und würzt sich jeder seine Rote Beete selbst. Gut schmeckt auch, mit Zitronensaft und Olivenöl beträufeln, mit Salz, Pfeffer und gehobeltem Parmesan bestreuen.

Nicht nur Ihre Zunge, auch Ihr Farbsinn wird bei diesem Essen auf seine Kosten kommen. Grün, orange, rot sind zwar nicht die deutschen Farben, aber dafür die Farben für ein appetitanregendes, sinnenfreudiges, weihnachtliches Mahl, das auf einem weißen Tischtuch und bei weißem Kerzenschein am besten zur Wirkung kommt. Und vor allem mit so wenig Aufwand!

Gut essen gehen

Es fühlt sich wie ein Stück Heimat an, eine Gaststätte zu kennen, in der man erkannt wird, in der man seine kleinen Vorlieben oder Marotten gepflegt weiß. Man will immer wieder dort hin, nicht nur, weil der Magen sie liebt, sondern auch, weil es dort behaglich ist. Es ist eben ein wohliges Gefühl, irgendwo, außerhalb der eigenen vier Wände, zu Hause zu sein und ein Stück „Daheim" zu haben – mit allem irrationalen Drum und Dran.

Dem gut gemeinten Rat von Bekannten oder Freunden zu folgen ist nicht immer eine Garantie, daß man sich auch selbst wohl fühlt. Manchmal endet eine Empfehlung sogar mit einem Reinfall, weil es nun mal verschiedene Auffassungen darüber gibt, was eine richtig wohlige Futterstätte ausmacht. Jeder hat seinen eigenen Geschmack und seine persönlichen Vorlieben. Man könnte fast sagen: „Sage mir, welche Gaststätte du liebst, und ich sage dir, wer du bist."

Behagliche Futterplätze zu finden ist gar nicht so einfach, und guter Geschmack ist auch nicht gerade Sache der Mehrheit. Wirkliches Genießen stellt sich nicht ein, wenn die unbefangene Essensfreude sich durch aufgeblasene Rituale und exotische Feinschmeckerkost durcharbeiten muß. Erstens wird man dabei nicht satt und zweitens überkommt einen danach meist eine Sehnsucht nach unverfälschtem Käse und gutem Brot. Was mich stört ist die Vokabel „fein" in diesen feinen Gourmetplätzen, die sich manchmal sogar als „Tempel" bezeichnen. Mit einem solchen Tempel verbinde ich, daß dort ein gottähnliches Wesen in der Küche haust. Dieser Erwartung kann natürlich kaum ein Restaurant standhalten. Da hilft auch kein Puderzuckerturm auf den schwarzen Desserttellern. Gut soll es sein und schmecken soll es, mehr braucht es doch eigentlich nicht. Ich bin nun einmal kein Feinschmecker, sondern ein „Gutschmecker", deswegen liebe ich die Orte, wo es schlicht und persönlich zugeht. Orte, an denen der Wirt eine persönliche Botschaft hat. Keine aufgemotzten Saucen oder gestelzten Dekorationen, sondern eine von Überflüssigem befreite Botschaft, die das Wesentliche vermittelt. Und das Wesentliche ist in der Regel ganz einfach: Gut soll es sein und schmecken soll es. Dem Gemüt ist es nämlich egal, wo es sich erwärmt. Hauptsache, man findet eine Stätte, die ein bißchen Nestwärme vermittelt. Die Vernunft kann es nicht ganz ergründen und keine Logik kann es voll erschlüsseln. Nur im Sehnen nach ein bißchen Ritual, Einbindung in Landschaft und Tradition, Gemütlichkeit und Wohlgeschmack kann es keimen – die Sehnsucht nach einem heimatlichen Ort, der von allem etwas hat und bei jedem anders gemischt ist.

Warum ist es so wichtig, gesehen zu werden? Fragen Sie sich selbst, ob Sie gern Aufmerksamkeit, Beachtung oder Wertschätzung bekommen. Jeder Mensch hat wohl eine große Sehnsucht in sich, gesehen zu werden. Von klein auf brauchen wir es, in unseren Äußerungen gesehen und willkommen geheißen zu werden. Geschieht dies nicht, aus welchen Gründen auch immer, so besteht die Gefahr, sich selbst, andere und seine eigenen Vorhaben in einem wenig freundlichen Licht zu sehen. Hierzu ein Beispiel einer jungen Frau, das mich nachdenken ließ: Sonntags wenn ihr Vater daheim war, verkleidete sie sich, schmückte sich und zeigte sich so ihrem Vater, woraufhin sie von ihrer Mutter auf ihr Zimmer geschickt wurde. Eine banale Geschichte? Warum ist sie ihr dann heute noch erwähnenswert? Offensichtlich ging es darum, gesehen zu werden, und zwar eben auf eine etwas ungewöhnliche Art. Nämlich so wie sie sich fühlte und nicht so, wie man das von ihr erwartete.

Das Bedürfnis, gesehen zu werden, so wie wir uns fühlen, begleitet uns ein Leben lang. Aber es geht nicht nur darum, daß wir gesehen werden, sondern vor allem auch, wie wir gesehen werden. Ob wir einfach nur angesehen, gestreift oder eben wohlwollend, zustimmend gesehen werden. Bestätigend gesehen zu werden heißt, ich werde bejaht, gespiegelt, willkommen geheißen und bestärkt. Ein lebenswichtiger „Stoff", aus dem sich unsere Identität und unser Selbstwertgefühl entwickeln. Im Gesehenwerden scheint sich uns unser Wert im

Auge des anderen zu spiegeln. So kann man auch verstehen, daß Menschen, denen man das Gesehenwerden entzieht – wegen Alter, Aussehen oder Krankheit –, sich zuweilen merkwürdige, bizarr anmutende Mittel ausdenken, um doch noch gesehen zu werden. Sie spüren, wie die Blicke leer werden und versuchen sie, wie auch immer, wieder auf sich zu ziehen. Der andere Mensch ist so etwas wie das Symbol einer Welt, in der ich mich heimisch fühlen will und dabei allzu oft „übersehen" werde. Wäre es nicht angenehmer, in einer Welt zu leben, in der wir einander dieses Geschenk des zustimmenden „Ich sehe dich" so oft und so viel wie möglich schenken? Es braucht nicht viel, um zu vermitteln „Ich sehe dich" – ein wenig Aufmerksamkeit, Beachtung und Wohlwollen. Sie können den Menschen, denen Sie auf der Straße begegnen, ein Lächeln und ein von Herzen kommendes „Guten Morgen" schenken. Es ist gar nicht so entscheidend, was Sie tun, sondern daß Sie etwas tun, das dem anderen das Gefühl gibt, gesehen zu werden. Wenn wir im anderen ein wenig von uns selbst sehen und ihm nicht nur Achtung und Wärme, sondern auch Blickkontakt, eine warmherzige Geste oder ein Lächeln schenken, so werden wir wahrscheinlich auch bei uns selbst einige positive Veränderungen feststellen. Einem anderen in die Augen zu schauen und dabei seine Seele zu berühren, mit dieser Erfahrung stellt sich auch eigener innerer Friede ein. Das „Ich sehe dich" ist eines der Geschenke, das kein Genug und kein Zuviel kennt.

Kranke besuchen

Nichts schneidet so sehr ins Fleisch, wie vergessen zu sein – besonders wenn man krank ist. Was ist dann angenehmer als die Zuwendung anderer, was wohliger als ihre teilnehmende Aufmerksamkeit? Auf mangelnde Zuwendung reagieren wir ohnehin empfindlich, aber ganz besonders, wenn wir krank sind. Wie oft höre ich: „Wenn ich mit der Arbeit fertig bin, dann werde ich ihn oder sie besuchen!" Kranke besuchen setzt aber voraus, daß man seine eigenen Belange etwas zurückstellt. Trotz allem: Immer mehr Menschen lassen sich auf die Erfahrungen des Füreinander-Daseins ein. Vielleicht, weil immer Menschen intuitiv spüren, die Leiden meiner Mitmenschen gehen mich etwas an, schließlich könnte ich auch an ihrer Stelle sein. „Der kam ja auch nie!" heißt es auf der anderen Seite manchmal. Doch eigentlich geht es auch ohne solche Bedingungen. Denn schließlich tun wir uns selbst etwas Gutes, wenn wir bereit sind, Güte, Zuspruch und Aufmerksamkeit zu vermitteln. Ist es nicht eine besondere Freude, wenn man krank ist und besucht wird? Und diese Freude strahlt zurück. Liegt nicht ein Teil des Wertes von Anteilnahme sogar im Empfinden des Mitgefühls? Wer sein Herz sprechen lassen kann und sich den anderen etwas angehen lassen kann, tut immer auch etwas für sein eigenes Wohlergehen. Bei den eigenen Kindern ist es noch selbstverständlich, aber auch unsere Eltern brauchen unseren Beistand. Doch auch Freunde, Kollegen, Nachbarn brauchen uns, wenn sie krank sind. Und wir können einen Beitrag zum Gesundwerden unserer Nächsten zu leisten. Wenn wir krank werden, sind wir mehr denn je angewiesen auf Gesten und Zeichen von außen, die uns ermutigen und aufrichten. Schon der zurückgelegte Weg zum Kranken genügt, um dem Kranken das Gefühl zu geben: „Du bist mir wichtig!" „Ich denke an dich!" „Ich mag dich!" Nicht die Länge des Besuchs oder die Größe des Geschenks sind entscheidend, sondern die dahinter spürbaren Gedanken, die Handreichungen von Herz zu Herz, die ihren Ausdruck in den mitgebrachten Blumen, dem Buch, dem Obst oder einer Kerze finden. Jeder, der sich auf den Weg zu einem Krankenbett macht, trägt zu dem Wichtigsten bei, was ein Kranker zu seiner Heilung braucht – zur Stärkung des Lebenswillens. Ohne diesen Willen kann Heilung nur schwer geschehen. Gerade weil Krankheit isoliert und hilfsbedürftig macht, brauchen Kranke das Gefühl des Dazugehörens. Sie brauchen in besonderem Maße das Mitgefühl und die Einsicht anderer. Was zählt, ist, daß einer kommt. Deswegen stellen Sie Ihre Fragen nach der Zuständigkeit für den Kranken einfach hintenan und gehen Sie selbst hin. Sprechen Sie mit dem Kranken, und vor allem hören Sie gut zu, denn Kranke haben uns in punkto Tapferkeit, Dankbarkeit und Bescheidenheit viel zu vermitteln.

Dem Leiden Ausdruck geben

„Geteiltes Leid ist halbes Leid", sagt ein bekanntes Sprichwort. Was bedeutet das? Wir erfahren Leiden dann als besonders schlimm, wenn wir keine Hoffnung,

Resonanz, Abhilfe und Trost erfahren können. Wir brauchen Hilfe im Leid. In den Psalmen wird an vielen Stellen um Hilfe im Leid gebeten. Ja mehr noch, es wird auch kräftig geklagt. Das scheint mir bedeutsam, daß wir unser Leiden zur Klage finden lassen, denn geklagtes, ausgesprochenes Leid ist eher zu ertragen als das stumme Leiden. Jegliches Leiden, ob es nun kleiner oder größer ist, braucht den Dialog. Ob dieser Dialog nun mit einem nahestehenden Menschen, mit einem Helfer, mit Gott, schreibend, singend oder musizierend ausgetragen wird, hängt von den Möglichkeiten des Betroffenen ab. Wesentlich ist, daß das Leid seinen Ausdruck finden kann und damit in einen Dialog eingebunden ist, selbst dann, wenn der Dialogpartner ein Papier, ein Baum, ein Tier oder ein Instrument ist. Ausgedrücktes Leiden verwandelt das Leiden in ein bewußtes Leiden, in eine Botschaft, die ich an mich, über mich, an den anderen weitergebe. Das heißt nun nicht, daß gleich eine Antwort oder Lösung gefunden werden kann. Es heißt vielmehr, daß dieses Leiden ein bezeugtes Leiden ist, ein Leiden, das nicht mehr ein einsames ist. Ein Leiden, das einer anderen Person gegenüber ausgedrückt werden kann, erhält zumindest Resonanz. Oft genügt es, wenn man einfach nur Zeuge ist und jemandem einfach zuhört oder ihm die Hand hält und nicht gleich mit Ratschlägen auffährt. Was heilsam ist, ist das schlichte Anhören. Was hilfreich ist, ist das gegebene Vertrauen und die Zuversicht, der Betroffene könne sein Leid tragen und annehmen. Was stärkt, ist die Ermutigung und der Glaube an die Kraft, die das Leiden ertragbar machen.

Ich denke im Zusammenhang des Leidens an das biblische Buch Hiob. Wie kann man es lesen? Für mich liest es sich heute als eine Möglichkeit, an der Frage nach dem Sinn des Leidens festzuhalten, es zu beklagen und zu bestreiten und dennoch wieder leben zu können.

Lob tut gut

Eigenlob stinkt, haben wir früher in der Schule gelernt. Angeber haben wir verspottet, und wer sich bei den Lehrern einschmeicheln wollte, den haben wir gnadenlos geschnitten. Manchmal hatten wir vielleicht sogar recht, wenn wir ein Lob als unberechtigt empfanden. Denn richtig loben ist eine Kunst, die Fingerspitzengefühl erfordert. Das Lob an sich ist lobenswert, ist notwendig und muß vor dem Aussterben bewahrt bleiben. Wenn Menschen verlernen, im anderen das Anerkennenswerte und Lobenswerte zu erkennen, dann haben wir etwas Wesentliches verloren. Es ist schlimm, eine Sache oder für jemanden etwas zu tun und keine Resonanz zu erhalten. Stellen Sie sich vor, Sie haben ein köstliches Essen gekocht, den Tisch liebevoll gedeckt und niemand registriert es, alle verabschieden sich, und Sie stehen allein vor dem Berg von schmutzigem Geschirr. Das ist mehr als enttäuschend! Den Wunsch zu erfahren, daß man etwas gut gemacht hat, hat wohl jeder. Jeder Mensch braucht Lob und sollte es auch so oft wie möglich erhalten. Eigentlich ist es ja auch nicht anstrengend, kostet kein Geld und belastet auch die Umwelt nicht.

Wir brauchen nicht nur das Lob anderer Menschen, wir brauchen es ebenso sehr, selbst zu loben. Eine schöne Tischsitte gibt es etwa bei den Dänen: Man bedankt sich nach dem Essen bei den Eltern oder Gastgebern „Danke für diese Mahlzeit!" Darin steckt nicht nur Anerkennung, sondern auch die Einsicht, daß es eben nicht selbstverständlich ist, eine Mahlzeit vorgesetzt zu bekommen und zu teilen.

Der Ausdruck höchsten Lobes scheint heute in dem Wort „super" zu stecken. In sämtlichen Talkshows wird unablässig gelobt, alles ist einfach super. Nur wird da nicht die Tätigkeit gelobt, sondern es wird ausgedrückt: „Du bist gut." „Du hast dich gut eingebracht." Es geht nicht mehr um die Liebe zur Sache, zu einem Werkstück, einer Tat oder einem guten Gedanken, sondern reduziert sich auf ein oberflächliches „Du bist okay!" Zum Loben gehört nämlich Sorgfalt, das heißt nachzudenken, ob das Lob einer Sache gerecht wird. Das bedeutet nun einmal, daß man wirklich hinschaut und hinhört auf das, was jemand geschaffen hat. Ein Lob, das nicht mehr die Sache meint, ist eigentlich eine Art Entwertung. Denn beim Loben geht es darum, den anderen Menschen für etwas zu loben: Es ist sein Werk, das Wertschätzung verdient. Darin liegt auch die förderliche Kraft des Lobes. Es beflügelt, spornt an und treibt unser Tun voran, weil es uns daran erinnert, wie wir sein können. Lob motiviert nicht nur, weil unser Tun dadurch Resonanz erhält und ernst genommen wird, sondern auch durch den Wunsch, das Lob zu verdienen. Aus dieser Sicht ist das Loben ein wichtiger Wachstumsimpuls, der uns hilft, in das hineinzuwachsen, was andere uns zutrauen. Ich stelle immer wieder fest, daß man die Freundlichkeit anderer Menschen regelrecht anfeuern kann, wenn man ihnen öfter ein Lob spendet. Selbst Computerprogramme arbeiten heute nach dem Prinzip Lob, um ihre Benutzer zu motivieren. Mit wachsamen Augen und offenen Herzen kann man täglich Dinge entdecken, die des Lobes würdig sind. Natürlich gibt es auch die Schattenseite des Lobes, denn Lob kann es in sich haben, weil es auch manipulieren kann. Deswegen kommt es darauf an, ohne Hintergedanken zu loben, mit einem Lob, das geschenkt wird. Achten Sie einmal darauf, wie Menschen aufblühen, wenn man Ihnen ein Lob schenkt. Wäre es nicht eine gute Angewohnheit, mehr Positives an anderen wahrzunehmen und sie dafür zu loben?

Leben verstehen

Gefühle aufschreiben

Mit meinen Patienten praktiziere ich regelmäßig eine Schreibübung, die sich im Umgang mit schwierigen Gefühlen als verblüffend wirksam erwiesen hat. Ich gebe ihnen ein leeres Blatt Papier und lasse sie für etwa 15 Minuten ihre tiefsten Gefühle und Gedanken aufschreiben über das Ereignis oder das Problem, mit dem sie momentan in ihrem Leben konfrontiert sind. Wichtig dabei ist, daß man eine Viertelstunde ohne Unterbrechung schreibt und sich keine Gedanken über Form, Stil oder Grammatik macht. Anschließend sprechen wir über das Geschriebene und darüber, was beim Schreiben erlebt wurde.

Wenn Sie glauben, daß Sie mit diesem assoziativen Schreiben Ihren Gefühlen näherkommen können, so probieren Sie es einmal.

Wählen Sie einen stillen Ort und schreiben Sie einfach über das Gefühl oder Problem, das Sie gegenwärtig plagt. Vielleicht stoßen Sie dabei an alte Erinnerungen. Schreiben Sie sie nieder, und versuchen Sie, diese vergangenen Ereignisse mit Ihrer Gegenwart zu verbinden. Vermeiden Sie reine Aufzählungen oder Aneinanderreihungen von

Fakten. Versuchen Sie die Fakten mit Ihren Gefühlen zu verknüpfen. So erreichen Sie nämlich zweierlei: Sie lernen, Ihre Gefühle aufzutauen und zu verstehen. Beides ist gleichermaßen wichtig, weil es nicht nur um Gefühlsentladung, sondern auch um Einsicht geht.

Sie sollten diese Übung an mehreren aufeinanderfolgenden Tagen wiederholen. Das hilft bei der Bearbeitung schwieriger Gefühle und ist außerdem sehr aufschlußreich, weil man gut beobachten kann, wie sich die Gefühle verändern. Die Veränderungen, die sich einstellen, spiegeln einen Prozeß, bei dem sich Angst, Wut und Schmerz allmählich in Akzeptanz verwandeln können – und manchmal sogar in Mut und Gelassenheit. Angezeigt ist diese Schreibübung nicht nur, um schmerzhafte Gefühle zu bewältigen. Sie ist ein hervorragendes Mittel in Umbruchszeiten, in Zeiten des Übergangs und bei schwierigen Entscheidungsfindungen. Man kann in jeder Lebenslage von dieser Übung profitieren, ob man nun einsam, krank, deprimiert oder überschäumend vor Glück ist, ob man in einer Beziehung Klarheit schaffen will oder Kämpfe am Arbeitsplatz durchzustehen hat. Schreiben ist ein wirkungsvolles Mittel, weil es die vielen Eindrücke nach außen bringt und in Ausdruck verwandelt. Gefühle auszudrücken – indem man sie aufschreibt oder indem man mit jemand anderem darüber spricht – hilft immer, sich unbelasteter und stärker zu fühlen.

Prioritäten setzen

Seit ich mir angewöhnt habe, meine Ideen und Träume aufzuschreiben, stelle ich fest, daß meine Klagen über das, was ich alles verpasse, schlagartig aufgehört haben. Natürlich kann ich nicht alles realisieren, was in meinem Ideen-Traumbuch steht. Vieles davon ist unrealistisch, wie der Traum von einem Leben in Bologna, anderes läßt sich nicht mit dem Zeitbudget vereinbaren oder mit den Bedürfnissen meiner Mitmenschen in Einklang bringen. Aber es ist irgendwie beruhigend zu wissen, daß die eigenen Träume schriftlich festgehalten sind und nicht verloren gehen. Gerade in Zeiten, in denen man beruflich oder privat sehr beansprucht ist, kann solch eine Fundgrube ein wahrer Hoffnungsspender und Wegweiser sein. Sind es nicht unsere Träume, die uns Hoffnung auf ein besseres Morgen geben? Außerdem verraten unsere Träume und Wünsche viel darüber, was uns wirklich am Herzen liegt. Nicht nur das, sie geben uns auch Energie und Tatkraft. In unseren Träumen spiegelt sich das, was unserem Wesen entspricht, was tiefe Bedeutung für uns hat. Bereits das Aufschreiben von Träumen ist ein Akt, der Prioritäten setzt und Zukunft schafft. Es gibt manche Wünsche, die nicht warten können. Beispielsweise das Erlernen eines Instruments. Damit sollte man am besten so früh wie möglich beginnen. Aber es gibt andere Wünsche, die man auf später verschieben kann – gewisse Reisen, das Lesen von grundlegenden Werken, das Erlernen ausgefallener Kochkünste oder das Anlegen eines Gartens.

Fallen Ihnen Vorhaben ein, über die Sie schon seit

Jahren immer wieder nachdenken? Ideen, die Sie schon mehrmals verworfen haben, weil sie scheinbar unvernünftig sind? Träume oder Wünsche, an die Sie sich aus Ihrer Kindheit oder Jugend erinnern? Schreiben Sie Ihre Träume auf, so haben Sie immer etwas, an das Sie sich halten können, wenn Sie Ihr Alltag langweilt. Man muß eben vorbereitet sein, daß Träume wahr werden können.

Halten Sie einen Augenblick inne, und denken Sie an zwei, drei Dinge, die Sie gern tun würden. Dinge, die Sie interessieren und die Ihnen ein Verständnis für neue Bereiche eröffnen würden. Vielleicht ist es ein Buch, das Sie schon lange lesen wollten, oder ein Sprachkurs an der Volkshochschule. Oder möchten Sie gern lernen, wie man einen Computer bedient? Notieren Sie sich diese Ideen, und entscheiden Sie dann, was Sie als erstes angehen wollen. Unternehmen Sie die nötigen Schritte in Richtung dieses kleinen Abenteuers.

Das Schreibtischchaos bändigen

Schreibtische sind eigenartige Möbelstücke. Es gibt Menschen, die können nicht ohne sie leben, und andere bekommen beim bloßen Gedanken an sie schon Herzklopfen und Schweißausbrüche. Wenn ich meinen Schreibtisch so betrachte, kommen mir manchmal berechtigte Zweifel, ob der Mensch nun ein ordentliches Wesen ist oder nicht. Chaosforscher hätten sicher ein

Vergnügen, wenn sie ihre Studien einmal auf durchschnittliche Schreibtische anwenden würden. Es ist zwar amüsant und manchmal auch überraschend, was man da so ans Tageslicht befördert. Zum Beispiel Zeitungsausschnitte, die man unbedingt lesen wollte, Restauranttips, Visitenkarten, Formulare, Briefe, die man unbedingt beantworten wollte, Strafzettel für falsches Parken, hingekritzelte Gedankenblitze oder Gedichte oder gar eine vergessene Teetasse. Der Arbeitseifer wird durch solche Erinnerungsschichten des Schreibtischchaos empfindlich gebremst, und die Kreativität bleibt auf der Strecke. Wer hat schon das Glück, sich eine Sekretärin leisten zu können, die sich darum kümmert? Also bleibt nur die Selbsthilfe. Diese beginnt zunächst einmal mit dem Verabschieden der vertrauten Stapel auf dem Schreibtisch. Bewährt haben sich bei mir vier Kästen für Ablagen: einer für eingehende Schriftstücke, einer für zu Erledigendes, einer für den Ausgang und einer für „Lesenswertes".

Überlegen Sie einmal, wieviel Zeit verloren geht, wenn man Dinge anfängt und nicht zu Ende führt. Deswegen mein Rat: „Erledigen Sie es sofort!" Also nicht mehr aufschieben, liegen lassen und warten, bis sich die Dinge vielleicht von selbst erledigen, sondern gleich zur Tat schreiten. Das fängt damit an, daß man Eingehendes nicht mehr auf dem Schreibtisch anhäuft, sondern gleich in eine der vier Ablagekästen ablegt. Auch die Post öffnet man am besten gleich und bearbeitet sie. Für Briefe, die mehr Zeit brauchen, kann man sich eine bestimmte Zeit reservieren. Das klingt vielleicht ein bißchen nach Arbeit und Pedanterie, aber das Tröstliche ist, man gewinnt unglaublich viel Zeit und Raum, weil man sich nicht dauernd gegen diese Störenfriede des Schreibtischchaos verteidigen muß. Wenn die Unordnung erst einmal gebändigt ist, gibt es wieder Freiraum für neue Ideen und Pläne. Vielleicht findet man sogar Wege, das verborgene kreative Feuer wieder anzufachen und die begonnene Zeichnung zu vollenden, Tagebuch zu schreiben, einen spannenden Artikel zu lesen, einen Brief an alte Freunde zu schreiben oder eine eigene Geschichte zu erfinden. Das Chaos gilt vielleicht für manche Künstler als Quelle der Inspiration, aber das tägliche Leben verläuft reibungsloser, wenn man mit ein paar Handgriffen alles dort hinlegt, wo es hingehört, um hin und wieder ein Stelldichein mit dem eigenen kreativen Wesensanteil zu genießen.

Probleme wegspülen

Ich besitze zwar eine Spülmaschine, aber hin und wieder wasche ich mein Geschirr mit der Hand. Nicht weil ich so gern Geschirr spüle, sondern weil diese einfache Handlung für mich eine Art innere „Problementsorgung" ist. Während ich jeden Teller, jede Tasse, das Eßbesteck und die Töpfe gründlich im heißen und anschließend im kalten Wasser abwasche, bringe ich die vielen Stimmen und den Lärm in meinem Kopf allmählich zum Verstummen. Ich stelle mir vor, daß ich mit jedem gewaschenen Geschirr ein Stück Klarheit in meine vielen Gedanken bringe. Diese ehrliche Handarbeit, die so schnell sichtbare Ergebnisse beschert, wirkt wie eine praktische Meditation, weil ich dabei völlig konzentriert im Hier und Jetzt bin. Ich vergesse das Treiben der Welt um mich herum, fühle mich eins mit mir und gehe völlig in meinem Tun auf. Das sind die „heiligen" Momente, in denen ich die Zeit vergesse und ganz friedlich werde. Ich spüre wieder, was es heißt: „Ich bin." Wenn alles abgewaschen, abgetrocknet und eingeräumt ist, fühle ich mich auch selbst „aufgeräumt". Die kleinen Sorgen sind verschwunden, und der Alltag läßt sich wieder leichter und mit neuem Schwung angehen. Manchmal bekomme ich auch eine Antwort auf eine Frage, die mich lange geplagt hat. Plötzlich ist sie wie selbstverständlich da, einfach weil ich nicht nachgedacht habe und auf Empfang eingestellt war. Hingebungsvolles, konzentriertes Tun ist die schönste Art, die Welt für einen Moment zu vergessen. Es ist, als würde sich die Seele ein wenig öffnen. Was vorher eng, angespannt oder schmerzhaft war, kann durch solch einen schlichten Abwasch wieder in Fluß kommen.

Und noch etwas, wenn Sie einmal ungestörte Zeit für sich selbst haben möchten, dann ist das Geschirrspülen eine sehr willkommene und geschätzte Ausrede, die jeder versteht und Ihnen gern gönnt. Die meisten drücken sich ohnehin gern um dieses nützliche Vergnügen. Vor allem wenn Sie Kinder haben, probieren Sie es, Sie können sicher sein, daß Sie in dieser Zeit in Ruhe gelassen werden …

Ärger mit dem Ärger

Pragmatische Lösungsideen – fünf Mal um den Häuserblock rennen, sich Luft machen, Dampf ablassen, auf eine Matratze einschlagen, wegstecken, runterschlucken –, all diese vielfach empfohlenen Tips im Umgang mit Ärger helfen nur kurzfristig. Wer Bewußtsein anstrebt und gut mit sich selbst umgehen will, dem dient vielleicht das, was man in der Psychotherapie „Differenzierungsarbeit" nennt. Zunächst einmal geht es um einen feinen, aber gewichtigen Unterschied zwischen: Ich bin ärgerlich – ich habe Ärger. Bin ich ärgerlich, dann stecke ich im Ärger drin und bin ihm mit Haut und Haaren ausgeliefert. Habe ich Ärger, so gibt es einen gewissen Abstand zwischen mir und meinem Gefühl, ich und mein Ärger sind zweierlei. Um diesen Unterschied noch deutlicher zu machen, können Sie folgendes Experiment ausprobieren:

Ballen Sie Ihre Fäuste und machen Sie sich ganz eng und angriffsbereit, um das „ich bin ärgerlich" auszudrücken. Nun lösen Sie die Fäuste und öffnen Ihre Arme nach vorn, und schauen Sie auf das, was Sie in Ihren Händen haben – Ihren Ärger. Nun können Sie sich Ihren Ärger einmal ansehen: Wie sieht er aus? Wie fühlt er sich an? – brennend, heiß, schäumend – Welche Form hat er? – zackig, eckig, diffus – Woher kommt er? – Unrecht, Kränkung, Grenzverletzung, Enttäuschung – Was würde er am liebsten tun? – wegrennen, zurückschlagen, Decke über den Kopf, schreien – Wenn er eine Gestalt wäre, wie würde er aussehen? – Giftzwerg, Monster, Pistole,

Schlange, Dracula, Köter – Wenn er nicht da wäre, was hätte ich statt dessen? – Depression, Langeweile, Kopfweh – Wer kommt mir in den Sinn, wenn ich an meine Art, mich zu ärgern, denke? – Mutter, Vater, Vorgesetzter, Feind. Schließlich kann man sich fragen, wie war das in meiner Familie? Gab es die Möglichkeit, Ärger auszudrücken? War Ärger ein akzeptiertes Gefühl? Oder durften nur die Erwachsenen Ärger zeigen?

Diese Fragen können dazu anregen, einmal ein bißchen spielerisch mit dem Ärger umzugehen, vielleicht sogar etwas Neues auszuprobieren. Vielleicht finden Sie dadurch einen neuen eigensinnigen Weg im Umgang mit Ihrem Ärger. Aber vielleicht genügt es auch, wenn Sie durch diese Unterscheidung zwischen „ich bin" und „ich habe" nicht mehr Opfer Ihres Ärgers sind, sondern die Freiheit zu wählen und zu experimentieren gewinnen. Womöglich verliert man dabei ein Stück seiner Spontaneität. Aber dafür lernt man sich und seine Ärgermuster besser kennen. Ich gebe zu, es bedarf Geduld und Zeit, sich kennenzulernen. Aber es ist spannend, denn es braucht Herz und Verstand, Humor und Nachsicht, um sich im spannungsreichen Feld zwischen „ich bin ärgerlich" und „ich habe Ärger" einen stimmigen Pfad zu bahnen. Vielleicht gewinnt man über dieses Sich-Kennenlernen einen neuen spontanen Zugang zu seinem Ärger, der einem nicht mehr zum Opfer, sondern zu einem geschickten Tänzer oder Jongleur mit „Ärgerbällen" macht, die einem das Leben zuwirft.

Und noch etwas: Vergessen Sie vor einem Streit nicht, sich zu überlegen, wie Sie die Versöhnung feiern wollen. Wenn alle Beteiligten wissen, daß es nach getaner Ärgerarbeit ein schönes Versöhnungsritual gibt, verläuft der Streit nicht nur konstruktiver, er verläuft auch kürzer, denn im Kühlschrank wartet ja schon der Versöhnungskuchen oder die besondere Flasche Wein.

Einmischen macht selbstsicher

Sich für jemanden einsetzen, sich solidarisieren, einen bedrohten Menschen schützen, beherzt eingreifen, nicht mitmachen, seine Meinung sagen, das alles kann Zivilcourage sein. Oft ist gar nicht viel notwendig, aber was man an Mut in die Tat umsetzt, zeigt auf jeden Fall Wirkung – ist diese auch noch so klein. Das Rüstzeug für Zivilcourage ist nicht kompliziert – ein bißchen Mut, Einfühlung, Phantasie und eine Portion Aufmüpfigkeit. Natürlich gibt es die bequemen Ausreden der Ohnmacht. Wer von vornherein sagt: „Ich bin zu hilflos, schwach, ängstlich ...", entscheidet sich gegen seine eigene Kraft und gegen sein Herz. Aber vielleicht hilft der Gedanke, daß dieser gedemütigte, ausgegrenzte, ungerecht behandelte Mensch auch man selbst sein könnte. Oder das Motiv: „Was du diesem Menschen da antust, tust du auch mir an." Wer sich in die Lage des anderen zu versetzen vermag, besitzt auch die Sensibilität zu spüren, wo Hilfe oder Eingreifen angesagt ist.

Wenn Sie nicht nur sich selbst, sondern auch anderen gut sein wollen, dann gibt es nur eines – mit wachen Sinnen auf andere Menschen und Vorgänge in Ihrer Mitwelt achten. Ich meine nicht das argwöhnische Beobachten, sondern ein waches, mitfühlendes Wahrnehmen für das, was mit Ihren Nächsten oder in Ihrer Umgebung geschieht. Ein weiterer Schritt ist das Ernstnehmen Ihrer Alarmsignale, wenn Sie ein Unrecht, eine Diskriminierung oder Ausgrenzung in Ihrer Umgebung wahrnehmen. Und der nächste Schritt ist das beherzte Handeln. Es äußert sich im Mut, sich das Ergehen des anderen etwas angehen zu lassen und danach zu handeln. Es geht ja nicht nur um ein Handeln, das von Herzen kommt, sondern um ein beherztes, also mutiges Handeln. Nicht warten und zuschauen, bis andere etwas tun, sondern selbst handeln. Das kann beispielsweise bedeuten, ein Kind vor Gewalt schützen, bei üblem Klatsch nicht mitmachen, einem alten Menschen Ihre Unterstützung anbieten, sich vor jemanden zu stellen, der lächerlich gemacht wir, mit jemandem solidarisch sein, der ausgegrenzt wird. Ein erster Schritt wäre beispielsweise, sich zu überlegen: Wer in meiner Straße, in meiner Familie, unter meinen Freunden wird ausgegrenzt? Laden Sie ihn doch ein, und wagen Sie einen ersten Schritt!

Schwächen werden Chancen

Mir gefällt folgende Geschichte* gut: Sie handelt von einem Kreis, der nicht vollkommen war. Ihm fehlte ein Stück – ein dreieckiger Keil war herausgeschnitten. Der

---

* Shel Silverstein, The missing piece. 1995

Kreis wollte wieder ganz werden, also machte er sich auf die Suche nach seinem fehlenden Stück. Er konnte sich nur langsam vorwärtsbewegen, so hatte er Zeit, die Blumen am Wegrand zu bewundern. Er genoß die warmen Sonnenstrahlen und unterhielt sich mit den Würmern. Bis er eines Tages auf ein Stück stieß, das genau paßte. Er setzte es ein und fing erleichtert an zu rollen. Er bewegte sich schnell, so schnell, daß er nichts mehr um sich herum sehen konnte. Plötzlich wurde ihm bewußt, wie anders die Welt bei dieser Geschwindigkeit aussah, er vermißte die Blumen, die Würmer, die Gerüche. Da trennte er sich von seinem gefundenen Stück und rollte langsam, aber zufrieden weiter.

Dieses Märchen ist tröstlich, weil es uns lehrt, daß wir paradoxerweise vollständiger sind, wenn uns etwas fehlt. Was weiß der, der alles hat, vom Sehnen, vom Träumen, vom Hoffen? Ist er nicht in gewisser Hinsicht ärmer dran als derjenige, der noch Wünsche, Sehnsüchte und Mängel hat? Menschen, die ihre Schwächen und Begrenzungen anerkennen und sich deshalb nicht als wertlos empfinden, sind wie der Kreis, der das gefundene Stück am Wegrand zurückläßt. Ihr Leben ist vollständiger, weil sie verlieren können, ohne sich als Versager zu fühlen, weil sie stark genug sind, um sich Fehler einzugestehen, weil sie erfahren haben, daß man schwach sein kann und dennoch heil bleibt. Wer mutig genug ist, schwach sein zu dürfen, stark genug, um sich und anderen zu verzeihen, klug genug, um anderen ihre Erfolge zu gönnen, weise genug, um zu wissen, daß wir trotz unserer Fehler liebenswert sind, findet das, was wir alle nötig haben – Gelassenheit.

Beruht nicht viel Kummer und Leid auf der Annahme, wir müßten besser sein als wir sind, um geliebt zu werden? Wir glauben, wenn wir schwach sind oder Fehler machen, daß wir denen, die uns nahestehen, Gründe liefern, uns weniger zu lieben. Vielleicht verdanken wir diesen Anspruch unseren Eltern, Lehrern, Vorgesetzten oder der Religion. Wenn wir Fehler machen oder inkompetent sind, schaffen wir eine Art Kriegszustand zwischen der starken und der schwachen Seite unseres Ichs. Wir verlieren unser Gefühl der Ganzheit, bekommen Schuldgefühle, die uns lähmen, und zweifeln an unserem Wert. Das Leben ist aber kein Wettbewerb, bei dem man für jede Schwäche und jeden Fehler bestraft wird. Es gleicht eher einem Orchester, in dem auch die besten Spieler hin und wieder ihre schwachen Momente und auch die schlechtesten ihre Sternstunden haben. Es genügt der Wunsch, sein Bestes zu geben und bereit zu sein, sich Schwächen zuzugestehen.

Sich mit schlechten Vorsätzen überlisten

„Der Weg zur Hölle ist mit guten Vorsätzen gepflastert", so heißt es in der Bibel (Jesus Sirach 21,11). Besonders am ersten Januar nehmen sich Menschen immer wieder vor: Ab heute wird alles ganz anders: Schluß mit dem Faulenzen, dem Rauchen, dem Trinken, dem Zu-viel-Essen, den Spontankäufen. Ab jetzt regelmäßig zum Zahnarzt, zur Krebskontrolle, regelmäßig Sport treiben, die fälligen Rechnungen bezahlen und die Steuererklärung pünktlich abliefern.

Egal welches Jahr wir schreiben, unsere Vorsätze bleiben immer irgendwie ähnlich, als würden sie sich in vorgeschriebenen Umlaufbahnen bewegen. Mich erinnern diese Vorsätze, die sich jahraus, jahrein wiederholen, an die Schulhefte meiner Kindheit. Jedes Heft begann ich mit dem heiligen Wunsch, von nun an immer so schön wie auf der ersten Seite zu schreiben. Und jedes Mal erlag ich nach ein paar Seiten der Versuchung meines inneren Schmierfinks. Die Anstrengung und die Disziplin des Durchhaltens waren wieder einmal abhanden gekommen wie so oft schon. Und dennoch nahm ich immer wieder den gleichen Anlauf in der Hoffnung: Dieses Mal wird es ganz bestimmt gelingen! Ist es nicht eigenartig, daß wir schon von klein auf mit der Illusion eines zweiten, eines zehnten, eines hundertsten Anlaufs leben, obwohl wir meist schon von vornherein wissen, wie es dieses Mal ausgehen wird? Warum lernen wir daraus nichts?

Vielleicht sollten wir uns einen der grundlegenden Lehrsätze der Pädagogik zunutze machen, der da heißt: Verlange das genaue Gegenteil des eigentlich Erwünschten, und das Erwünschte tritt ein. Das klingt paradox. Doch es funktioniert: Man stellt seine Vorsätze also auf den Kopf und läßt den Bauch bestimmen. Also nicht mehr sagen: Ich will keine Süßigkeiten mehr essen. Sondern: Ab morgen esse ich täglich zwei Tafeln Schokolade. Nicht: Ich treibe jeden Tag Sport oder Gymnastik. Sondern: Ich faulenze jeden Tag mindestens eine Stunde auf der Couch. Nicht: Ich rauche nicht mehr. Sondern: Ab heute rauche ich jeden Tag doppelt soviel. Da wir alle tief im Innern Rebellen gegen unsere selbst gesetzten Vorsätze sind, werden wir auch dieses Vorhaben nicht durchhalten. Wieder ein vergebliches Bemühen. Nur gibt es einen großen Unterschied: Wir werden diesmal kein schlechtes Gewissen haben, obwohl wir scheitern. Im Gegenteil, wir werden es sogar genießen. Vielleicht wird sogar tatsächlich das Gewünschte eintreten, weil es so lästig und langweilig ist, soviel Schokolade zu essen und so faul zu sein. Wahrscheinlich werden wir nach diesen Erfahrungen etwas realistischer mit unseren Wünschen nach Selbstverbesserung und beherzigen von vornherein, daß unser Bauch eben gern „nein" zu unseren kopfigen Ideen sagt, vor allem wenn es mühsam wird. Also warum nicht mehr auf den Bauch hören? Er weiß ohnehin mehr als unser autoritärer Verstand.

Die Kunst des Vergessens

Oft hört man den Satz: „Ich würde gern dies oder jenes vergessen, aber ich kann einfach nicht." Wenn jemand etwas vergessen will und nicht vergessen kann, das ist eine Situation, die wir alle mehr oder weniger kennen. Man denke an schmerzliche Ereignisse, peinigende, quälende Erinnerungen, Dummheiten, die wir zu Recht oder Unrecht loswerden wollen. Wie oft wollen wir etwas aus unserer Erinnerung löschen, wenn wir beispielsweise etwas falsch gemacht haben, jemandem weh getan haben, oder wenn wir uns geärgert haben, und können es nicht loswerden, weil es sich nachts in unseren Träumen oder in unseren Gedanken immer wieder meldet und sich nicht aus dem Gedächtnis vertreiben läßt, die Vergangenheit also nur noch quält. In allgemeinen Redewendungen drückt sich auch aus, daß das Vergessen nach Regeln erfolgt, über die der einzelne nur bedingt verfügt. Wir sagen „die Zeit heilt Wunden", „im Alter wird man vergeßlich", „vergessen können ist ein Glück". Das hängt wohl damit zusammen, daß Vergessen mehr meint, als nur Informationen aus einer Datenbank im Gehirn zu löschen. In früheren Zeiten gab es sogar Therapeuten, die die sogenannte „Lethotechnik", also die Kunst des Vergessens, mit ihren Patienten praktizierten. Das Wort „Letho" bezieht sich auf den Fluß Lethe, der bei den Griechen als der Fluß des Vergessens galt. Was kann man also tun, wenn man etwas vergessen will? Vereinfacht gesagt: Wenn du etwas nicht vergessen kannst, aber vergessen willst, dann schreibe es auf. Meist hilft das schon, weil das Aufschreiben eine Distanzierung mit sich bringt, die dem Vergessen sehr hilfreich entgegenkommt. Manche empfehlen, den Zettel mit dem Aufgeschriebenen zu vernichten. Man kann ihn beispielsweise ins Wasser werfen, im Feuer verbrennen, zerknüllen oder in einer Schublade verstecken. Aber eigentlich reicht schon das reine Aufschreiben, denn es ist in der Tat dem Vergessen förderlich. Das klingt paradox, denn dieselbe Tätigkeit – nämlich das Aufschreiben – dient einerseits dem Erinnern und ist andererseits auch ein Stück Vergessen. Selbst die tägliche Einkaufsliste hängt mit diesem paradoxen Kunststück zusammen: Sie ist immer beides – Erinnern und Vergessen zugleich.

Wenn man etwas schriftlich niedergelegt hat, kann man es getrost wieder vergessen. Gibt es also eine Kunst des Vergessens, sowie es zweifellos eine Kunst des Erinnerns gibt? Im Gegensatz zur Gedächtnisschwäche ist das Vergessen eine Kunst, denn die Paradoxie gilt: Wer vergessen kann, bekommt ein gutes Gedächtnis. Bis zu einem gewissen Grad muß wohl jeder dafür sorgen, daß er einem Wissen oder einer Erinnerung durch Vergessen entrinnen kann. Selbst jeder Computer hat eine „Delete-Taste", wo man mit einem Tastendruck Dinge löschen kann, die man nicht mehr braucht. Warum also nicht alle begangenen Dummheiten, die eigenen und die der anderen, auf Zetteln notieren, um sie loszuwerden? Meinem Onkel verdanke ich die Anregung, eine Mappe anzulegen mit dem sinnigen Titel „G. S." – zu übersetzen als: „Gesammelter Schwachsinn". Ihr verdanke ich manches heilsame Vergessen.

Dem Aufschieben entgehen

Schieben Sie gern Dinge auf, die Sie eigentlich sofort tun sollten? Würden Sie auch lieber ohne Schuldgefühle leben, die mit den bekannten Ausweichmanövern „morgen", „später" oder „eigentlich sollte ich" zusammenhängen? Das Auf-die-lange-Bank-Schieben kostet zwar kaum einen Tropfen Schweiß, dafür bereitet es eine Menge Angst und Unbehagen. Unabhängig vom Grad und Ausmaß des Verschiebens ist es natürlich einfacher, sich dafür zu schämen, wieder einmal zu spät dran zu sein, als sich einzugestehen, daß man eine Aufgabe oder Entscheidung schlecht oder fehlerhaft ausgeführt hat. Insofern hat das Verschieben eine Schutzfunktion, weil es uns davor bewahrt, an tiefere Gefühle von Ablehnung oder Scham zu stoßen, die wir vermeiden wollen. Immerhin können wir unser Gesicht wahren, wenn wir uns mit der Ausrede des Verschiebens aus der Affäre ziehen.

Schaut man genauer hin, gibt es eigentlich kein wirkliches Aufschieben. Denn was man nicht erledigt, bleibt eben ungetan. So ist Aufschieben letztlich Selbsttäuschung und Flucht. Das Problem sind die damit einhergehenden Gefühle und Blockaden.

Wie entkommt man nun dieser trügerischen „Später-Falle"? Einen Hinweis habe ich bei Mihaly Csikszentmihalyi gefunden, der beschreibt, wie man sich bei einer Tätigkeit in einen fast meditativen Zustand begibt, in dem sich der Widerwille gegen eine bestimmte Aufgabe wie von selbst löst. Also anstatt zu denken: „Ich muß dies oder jenes heute erledigen", versuchen Sie doch einmal umzudenken: „Ich wähle diese Aufgabe heute, um in den Genuß ihrer Vollendung zu kommen." Vielleicht haben Sie Lust, dieses Jahr einmal selbst Marmelade zu kochen. Fangen Sie einfach damit an, und zwar JETZT. Sie werden entdecken, daß es herrlich entspannend ist, wenn man sich dieser Tätigkeit mit ganzem Herzen hingibt. Die Befriedigung, die sich einstellen wird, wenn Sie dieses Projekt zuende geführt haben, ist die beste Motivation, auch andere schwierigere Aufgaben beim Schopf zu packen.

Die Entscheidung, Dinge anzupacken, wird häufig einfacher, wenn man sich gestattet, schrittweise vorzugehen. Immer wieder höre ich: „Ich kann diese Aufgabe unmöglich in der mir zur Verfügung stehenden Zeit bewältigen." Nur ist die Folge davon, daß man Zeit mit Sorgen verschwendet, die man besser auf die Aufgabe verwendet hätte. Warum nicht mit kleinen Schritten beginnen? Das Wichtigste ist nämlich, überhaupt zu beginnen. Nehmen wir an, Sie wollen etwas schreiben. Ihnen fällt aber kein Anfangssatz ein. Gehen Sie zu einem Abschnitt über, der Ihnen leichter fällt. Möglicherweise fällt Ihnen dann eine Idee für den Schluß oder den Beginn ein. Später können Sie die Teile dann zusammensetzen. Nicht immer führt der direkte Weg zum Ziel. Wie wäre es „Tu dein Bestes" in ein schlichtes „Tu es einfach" umzuwandeln? Ich bin sicher, daß sich Ihr heutiger Tag verändern würde, wenn Sie heute einfach etwas tun würden, was Sie bisher immer vor sich her geschoben haben. Es muß nicht perfekt oder fehlerfrei sein. Hauptsache, Sie packen es an und tun einen ersten Schritt. Oft sind die Dinge in unserer Phantasie viel schlimmer, als sie tatsächlich sind. Zum „Tu es einfach" gehört auch, daß man nicht unbedingt Lust dazu haben muß. Man kann eine Sache erledigen und sich sagen: „Dann tue ich es eben ohne Lust, aber ich tue es!"

Es ist Ihre Wahl, wie Sie Ihre Aufgaben sehen – widerwillig, als Wachstumsimpuls, als Herausforderung oder mit Humor. Wir haben ständig die Wahl, wie wir unser Leben wahrnehmen wollen. Nur wir entscheiden, ob es Mühsal, Herausforderung oder unüberwindbares Hindernis ist, das uns in die Knie zwingt. Also warum warten, bis sich die Dinge vielleicht von selbst erledigen? Das tun sie nämlich meistens nicht.

Zeit zum Grübeln

Oft laufen unsere Rädchen im Gehirn heiß, weil wir uns sorgen und grübeln. Es wäre erleichternd, diese belastenden Stimmen aus dem Hinterkopf loszuwerden. Viele denken, es sei irgendwie unnatürlich, seine eigenen Gedanken zu steuern oder zu kontrollieren. Sie sehen sich damit aber als Opfer ihrer eigenen Gedanken, denen sie eine Macht geben, in die man nicht eingreifen dürfe. Doch solche Grübeleien können wir durchaus in den Griff bekommen. Es ist viel leichter, als die meisten glauben.

Man kann mit dem Grübeln genauso umgehen wie mit anderen Angewohnheiten oder Tätigkeiten. Nehmen wir einmal das Wäschewaschen: Man sieht die Notwendigkeit ein, plant einen bestimmten Zeitpunkt dafür und nutzt den Rest der Zeit für andere Aktivitäten. Genauso kann man auch mit dem Problem „Grübeln" umgehen. Warum soll man sich verrückt machen, indem man immer wieder am Tag zu grübeln anfängt? Das kann man wesentlich gezielter erledigen, indem man es in einem Block zusammenfaßt und eine bestimmte Zeit am Tag dafür festlegt. Das ist die „Grübelzeit". In manchen Berufen ist diese Strategie unumgänglich. Stellen Sie sich einen Arzt vor, der einen chirurgischen Eingriff vornehmen muß. Es könnte für seine Patienten sogar lebensgefährlich werden, wenn er nicht in der Lage wäre, seine aktuelles Problem hintanzustellen, um sich auf den Patienten zu konzentrieren.

Wenn Sie eine Grübelzeit festlegen, heißt das, daß Sie sich jetzt keine Sorgen machen können. Das Sorgen-Machen muß bis zum festgelegten Termin warten. Es hört sich vielleicht etwas seltsam an, aber es funktioniert. Auch wenn viele Dinge unvorhergesehen und spontan verlaufen, gilt dies nicht für alles. Sie können etwa mit der Notwendigkeit zu grübeln auch einen Pakt schließen und sie auf später vertrösten. Sie gewinnen damit einen besseren Überblick darüber, wie und womit Sie Ihre Lebenszeit verbringen wollen. Konkret könnte das so aussehen, daß Sie sich zwanzig Minuten am Tag als Grübelzeit festlegen. Im Laufe des Tages sparen Sie sich Ihre Grübeleien für diesen Termin auf und benutzen diese festgelegte Zeit, um all Ihre Sorgen nochmals vor Ihrem inneren Auge vorbeiziehen zu lassen. Unterscheiden Sie zwischen Problemen, die Sie hinnehmen müssen, und denen, die Sie ändern können. Wenn Sie Angst haben, etwas Entscheidendes zu vergessen, können Sie es sich aufschreiben. Suchen Sie nach Lösungswegen für die lösbaren Probleme. Am besten wählen Sie immer denselben Platz für Ihre Grübelzeit. Sie werden feststellen, daß Sie in Ihren sorgenfreien Stunden wesentlich mehr zuwege bringen als bisher. Das Entscheidende an dieser Methode ist, daß man dabei lernt, das Grübeln einzuschränken, so daß es nicht das ganze Leben beherrscht. Das muß man zwar üben, aber mit etwas Routine werden Sie vermutlich feststellen, daß Sie immer weniger Grübelzeit brauchen. Und vor allem, daß Sie Ihr Leben mehr genießen.

Innehalten

Jeder Augenblick kann zu einem erfüllten werden, wenn wir in ihm gegenwärtig sind. Das Geheimnis des Glücks besteht darin, zu erkennen, daß wir jetzt leben. Sobald wir erkennen, daß jetzt der Augenblick ist, in dem wir leben, daß jetzt der Augenblick ist, der wirklich ist, verschwinden Angst und Negativität wie von selbst. Frieden und Stille, Liebe und Erkenntnis, Freude und Schöpferkraft kehren ein, wenn wir die Haltung der Achtsamkeit einnehmen.

Atmen Sie einmal tief durch und lassen Sie alle Spannungen los. Lassen Sie den Kiefer, den Hals, das Gesicht locker und machen Sie den Kopf biegsam. Spüren Sie, wie Ihr Körper und Geist sich allmählich entspannen, und richten Sie Ihre Aufmerksamkeit auf Ihre Bauchatmung. Konzentrieren Sie sich auf Ihre Atmung mit der Neugier eines Kindes – so als würden Sie sie zum ersten Mal entdecken. Nehmen Sie Ihren Körper mit allen Sinnen wahr. Genießen Sie diesen Augenblick. Fühlen, hören, sehen, riechen und schmecken Sie all das, was Ihnen dieser heilige Augenblick zu schenken hat.

Wo auch immer Sie gerade sind, wenn Sie diese Seite lesen, werden Sie Ihrer Füße gewahr. Wenn sie nicht gerade auf dem Boden sind, stellen Sie sie dorthin und spüren Sie den Boden unter ihnen. Nehmen Sie die Bewegungen Ihres Atems wahr, die Spannungen in Ihren Schultern oder im Nacken. Spüren Sie in Ihren Bauch – ist er leer oder gefüllt? Durchwandern Sie mit Achtsam-

keit alles, was sich zwischen Kopf und Füßen abspielt. Halten Sie inne und spüren Sie den Kontakt zur Erde.

Praktizieren Sie dieses geerdete Gewahrsein, wann immer sie können. Beim Einkaufen, beim Essen, beim Anstehen in der Warteschlange, beim Gespräch, beim Telefonieren, beim Schreiben. Finden Sie Halt in Ihren Füßen, das führt zum Innehalten.

Neid wahrnehmen

Neid gehört zu den Gefühlen, die wohl jeder schon schmerzlich erfahren hat. „Die hat's besser! Dem wird alles geschenkt! Die kann sich's ja leisten!" Solche und ähnliche Gedanken können regelrecht vergiftend oder lähmend wirken, wenn man nicht gelernt hat, mit ihnen umzugehen. Wir brauchen solche Gefühle nicht wegzudrücken, herunterzuschlucken und zu verdrängen.

Wie können wir mit diesem Tyrannen Neid umgehen? Zwei Verbündete brauchen wir dazu: Gewahrsein und Aufmerksamkeit. Wir können uns unser Konkurrenz- oder Wettbewerbsdenken bewußt machen, und dann haben wir die Wahl: Wir können diesem Denken Aufmerksamkeit geben und dem Gefühl Energie zuführen, oder wir hungern es einfach aus, indem wir beispielsweise schöpferisch damit umgehen. In solchen Fällen hilft es, in die Bewegung zu gehen: zu tanzen, zu toben, zu laufen oder lauthals zu singen. Nicht das bewußte Wahrnehmen von Neid ist der Feind, sondern das Festkleben daran und das unbewußte Ausagieren. Wenn man sich Neid als ein bestimmtes Energiefeld vorstellt, durch das man hindurch muß, so ist Bewegung immer ein gutes Vehikel, um dieses schmerzhafte Feld zu durchqueren und nicht steckenzubleiben. Man kann Neid in Bewegung verwandeln, Negativität in Kreativität. Vergessen Sie nicht: Man braucht Mist, um Kompost herzustellen.

Wenn Sie sich etwas näher mit Ihren Neidgefühlen beschäftigen wollen, versuchen Sie einmal Ihren Neid genauer unter die Lupe zu nehmen. Stellen Sie sich Ihr „Neidmonster" einmal vor, ohne gleich handeln zu müssen. Wie sieht es aus? Hat es vielleicht eine Farbe? (Es muß ja nicht immer gelb sein.) Ist es kalt, beißend, hinterhältig, verbissen, laut? Woher kommt es? Aus einer Knappheit, einem Zu-kurz-gekommen-Sein, einem Übergangenwerden, einer Ungerechtigkeit? Was würde der Neid am liebsten tun? Stehlen, schreien, schlagen, verachten, zupacken, auslachen?

Man kann sogar noch weiter gehen, indem man Bilder für den Neid aufsteigen läßt: einfach abwarten, bis sich ein Bild meldet. Sie kommen meistens, wenn man sich nicht anstrengt: ein Ungeheuer, eine Hexe, ein Giftzwerg.

Schließlich kann man auch Geschichtsforschung betreiben: Wie sah es mit dem Neid auf meine Geschwister, Freunde aus? Durfte ich in meiner Familie Neid zugeben? Auf was war ich früher neidisch? Was hat sich heute verändert? Gab und gibt es Menschen, die mich beneiden? Wofür?

Neidgefühle kann man auch zur Selbsterforschung einsetzen. Dazu muß man ein bißchen auf diesem Gefühl „brüten". Hat man die Geduld, bei diesem Gefühl einmal etwas zu verweilen, um es genauer wahrzunehmen, ergeben sich oft erstaunliche Einsichten. Auch wenn es anfänglich vielleicht schmerzlich ist, mit solch unangenehmen Gefühlen „schwanger" zu gehen, so lohnt es sich doch, denn gerade in diesen Schmerzen liegen oft wertvolle Einsichten und Erkenntnisse verborgen, die uns zugute kommen, wenn wir nicht gleich weglaufen. So können wir vielleicht erfahren, was uns fehlt, was wir brauchen, wo unsere geheimen Sehnsüchte und uneingestandenen Wünsche liegen. Der typische Neidsatz: „Dem fliegt alles zu!" kann durch solch eine Überprüfung vielleicht dazu führen, daß ich selbst einsehe, weshalb es sich lohnen würde, liebenswürdiger zu sein. Neid zwingt uns hinzusehen, was wir mit unserem Leben machen. Was mache ich mit meinen Begabungen? Wie nutze ich meine Fähigkeiten? Wie gehe ich mit meiner Lebenszeit um? Was mache ich aus meinem Leben? Sich diesen Fragen zu stellen, führt zu Veränderungen der Selbstwahrnehmung und der Wahrnehmung des Beneideten. Insofern ist Neid ein ernstzunehmendes Signal, das auffordert, hinzuschauen, wo Veränderungen im eigenen Leben anstehen. Entweder man muß mehr von dem realisieren, was man bisher nur beim anderen neidvoll wahrnahm, oder die Vorstellung von sich selbst verändern im Hinblick auf das, was realisierbar und wünschenswert ist. Versuchen Sie einmal all das, was Sie anderen neiden, als Spiegel für eigene ungelebte Möglichkeiten zu sehen. Das schöne Haus, die perfekte

Figur, die Begabung oder Beliebtheit des anderen – ist es das, was ich will? Bin ich auch bereit, die nötige Arbeit dafür zu tun? Was würde ich damit gewinnen? Mit solchen Fragen kommt man am leichtesten aus der Spirale von „Zuschlagen und Weglaufen" heraus. Ein reflektierter, liebevoller Umgang mit Neid braucht eher Zuckerbrot als Peitsche.

Zur Mitte finden

Es gibt Dinge, bei denen muß man einfach hinschauen, es geschehen und auf sich wirken lassen. Die Bewegungen eines Kreisels haben sicher zu allen Zeiten die Menschen fasziniert. Wenn die Theorie stimmt, daß wir Bewegungsmuster in uns tragen, dann sind es solche Muster, die in Schwingung geraten, wenn wir unseren Blick auf einen Kreisel richten. Haben Sie schon einmal einen Kreisel gedreht und dabei beobachtet, wie er sich in Bewegung setzt, sein Gleichgewicht findet, es verliert und immer wieder neu findet? Kleine Kinder imitieren dieses Kreiselspiel, indem sie sich minutenlang mit weit ausgebreiteten Armen um sich selbst drehen. Wie Schweben fühlt sich das an, kein Wunder, daß unsere Kleinen nicht genug davon kriegen können. Spiele und Bewegungen wie diese scheinen den meisten Erwachsenen verloren gegangen zu sein. Doch sie sind kinderleicht und bringen viel Spaß und Lebensfreude.

Denken Sie Ihre Arme wie große, flatternde Flügel. Drehen Sie sich im Kreis und flattern Sie mit diesen Flügeln in Ihrem Rhythmus. Tanzen Sie wild, hemmungslos. Denken Sie daran, die Augen wenigstens halb geöffnet zu halten und mit der Aufmerksamkeit auf dem Boden zu bleiben. Welche Energie dabei entfesselt werden mag, sie schafft die Bewegungsmuster, die Ihren individuellen Stil ausdrücken – Ihre Seele.

Der Kreisel ist ein wunderschönes Bild für unser Leben. Drehen wir uns nicht alle im Spiel des Lebens, finden unser Gleichgewicht, verlieren es wieder und suchen erneut nach unserer Mitte? Müssen wir nicht auch immer wieder loslassen und die richtige Wendung finden? Zeigt nicht der Kreisel auf spielerische Weise, was es heißt, von einer Hand geführt zu werden, die einem hilft, zu sich selbst zu finden – Kind zu sein und zugleich Meister des eigenen Lebens? Versuchen Sie es einmal, drehen Sie einen Kreisel, beobachten Sie, wie er sich in Bewegung setzt, schauen Sie gut zu, wie er immer wieder sein Gleichgewicht findet, wie jede Bewegung zu einer neuen Bewegung wird. Auch die Bewegungen im Leben, unsere Handlungen und Begegnungen, hinterlassen Spuren in uns und anderen. Von jedem Menschen, den man kennenlernte, und von allen Erlebnissen, die wir hatten, bleibt etwas haften in den Archiven unseres Gedächtnisses, in unseren Gesichtszügen, unserer Haut und unserem Herzen. Ein afrikanisches Sprichwort sagt: „Was immer du im Herzen trägst, steht dir im Gesicht geschrieben." Diese vielen Lebenserfahrungen sind wie ein riesiger Kreis, der niemals endet.

Kommt nicht alles zu uns zurück, was wir aussenden? Müssen wir nicht auch in unserem Leben immer wieder loslassen und den richtigen Rhythmus finden? Lassen Sie sich hin und wieder durch das Bild vom Kreisel inspirieren, und bewegen Sie sich wie ein Kreisel. Sie werden staunend erfahren, wie ihr Geist zur Ruhe kommt. Sie werden erleben, was es heißt, die eigene Mitte zu finden und in sich selbst zu ruhen. Was sich dreht, ruht in sich selbst.

Verantwortung abgeben

Eine der Ursachen, warum viele von uns ständig unter Druck stehen, gehetzt oder verängstigt sind, liegt in der Sorge begründet, wir könnten unsere Macht oder Kontrolle verlieren, wenn wir in bestimmten Situationen Verantwortung abgeben. Diese Befürchtungen sind häufig unbegründet, in Wirklichkeit trifft sogar das Gegenteil zu. Unter gewissen Voraussetzungen ist es nicht nur zulässig, sondern auch wünschenswert und heilsam, Verantwortung abzulehnen oder zu verweigern. Wenn man sein Leben im großen Ganzen im Griff hat, ist es nicht nur entlastend, sondern auch vernünftig, für sich Inseln zu bestimmen, wo man Einfluß, Kontrolle und Kompetenz abgibt. Das Leben ist zu komplex, als daß man alles selbst lösen könnte. Wichtig scheint mir, daß wir bewußt entscheiden, wann und wo wir unsere Verantwortung eingrenzen oder entfalten müssen.

Überlegen Sie einmal, wo Sie sich eingrenzen sollten. Fällt Ihnen etwas ein, wo Sie Ihre Energie sparen könnten, um sie dort einzusetzen, wo es mehr Sinn machen würde?

Verantwortung zu delegieren könnte bedeuten, daß wir unsere eigenen Grenzen und die Grenzen der anderen respektieren, einzugestehen, daß wir bestimmte Situationen nicht beeinflussen oder ändern können. Es könnte uns damit von unnötigem Ballast oder Schuldgefühlen befreien. Was bedeutet es nun, sich Inseln des Unwissens, des Nichtwollens oder -könnens zu gestatten? Es könnte bedeuten, daß wir uns bestimmte Sätze erlauben wie: „Das weiß ich nicht", oder „Das kann ich nicht", oder „Das traue ich mir nicht zu", oder „Das tue ich nicht", oder sogar „Das will ich nicht wissen", „Das möchte ich nicht lernen". Manchen Menschen fällt es sehr schwer, zu delegieren, loszulassen, abzugeben, aufzugeben. Hier scheint es mir wichtig, daran zu erinnern, daß solche Akte des Loslassens keine Schwäche darstellen. Umgekehrt ist es ja auch so: Auf Kompetenz oder Macht zu bestehen ist nicht immer ein Zeichen von Stärke.

Zugeständnisse an Inkompetenz machen sanftmütiger und friedlicher. Denn wir lernen dadurch, andere um Hilfe zu bitten, zu delegieren oder Kontrolle aufzugeben. Es ist erholsam und entlastend, solche partiellen Inseln der Blindheit, Taubheit oder Dummheit bewußt aufsuchen zu dürfen. Warum sollte man sich nicht hin und wieder die Unfähigkeit zugestehen, die Welt gesamthaft zu sehen? Das Leben wird erträglicher, wenn man mitunter seine Umgebung nur teilweise sieht und ganz bewußt bestimmte Teile übersieht, die einem nicht passen. Insofern sind solche Inseln kein Mangel oder Makel, sondern ein wichtiges Gleitmittel, das uns durch die komplexen Anforderungen des Lebens schleust. Solche Inseln vergleiche ich mit Raststätten, wo wir anderen zugestehen, etwas für uns zu erledigen.

Es ist befreiend, sich einmal zurückzulehnen und andere machen zu lassen, weil man sich dadurch auf das konzentrieren kann, was einem besser liegt und bekommt.

Wie fühlen Sie sich, wenn jemand Ihnen etwas abnimmt und für Sie übernimmt? Empfinden Sie es als ein Geschenk, wenn Sie sich hin und wieder unverbrüchlicher Loyalität erfreuen können? Überlegen Sie einmal, was Ihnen schwerfällt – Landkarten lesen, Gebrauchsanweisungen verstehen, Steuererklärung machen, Fenster putzen, Haare schneiden, ein Fest vorbereiten, Kuchen backen.

Lassen Sie sich helfen, oder delegieren Sie etwas. Wozu hat der liebe Gott schließlich unsere Nachbarn, die Freunde, die Sprachbegabten, die Köche, die Steuerberater, die technisch Begabten geschaffen? Ich staune immer wieder, wie auch Menschen, mit denen man nur sporadisch in Kontakt steht, spontan bereit sind, einzuspringen und zu helfen. Machen Sie sich keine Gedanken über eine Wiedergutmachung. Das Leben hält unendlich vielfältige Möglichkeiten bereit, wo Ihr Einsatz gefragt ist.

Niederlagen fruchtbar machen

Wie gehen Sie mit Niederlagen um? Ehrlich und offen? Oder suchen Sie nach Rechtfertigungen, Bemäntelungen, Umdeutungen? Wie ein Held? Wie ein Kämpfer? Oder wie ein Verlierer? Es gibt kaum einen Punkt, an dem sich die Geister derart scheiden wie beim Umgang mit Niederlagen. Was den einen umwirft, wird für den anderen zu einem Aufschwung in neue, ungeahnte Höhen. Und für manche ist die Bewältigung von Niederlagen zu einem neuen Lebensinhalt geworden, um den sich alles dreht.

Wenn ich meine eigenen Niederlagen heute im Rückblick betrachte, so kann ich sagen, daß ich sie im Moment zwar als furchtbar empfand, aber im nachhinein als fruchtbar empfinde. Es ist wichtig, daß man sich im ersten Moment erst einmal niederwerfen läßt. Denn das ist die Voraussetzung und der erste Schritt für jede Bewältigung. Die wesentliche Wirkung von Niederlagen liegt darin, daß man in irgendeiner Hinsicht „zurechtgestutzt" wird. Bei näherer Betrachtung kann sich eine Niederlage nämlich manchmal als sinnvoll erweisen. Man hat sich vielleicht zu weit vorgewagt, zuviel vorgenommen, war übermütig, tollkühn oder leichtsinnig und wird nun wieder auf sein bekömmliches Maß zurechtgestutzt. Niederlagen zwingen uns, bisher gegangene Wege zu überprüfen und vielleicht eine Kurskorrektur vorzunehmen. Vielleicht überdenkt man seine Ziele neu und fragt sich, was man aus der Niederlage lernen kann. So können Niederlagen wichtige Lektionen sein, die einem beibringen, seine Stärken und

Schwächen realistischer einzustufen und einzusetzen. Vor allem für Menschen, denen vieles leicht fällt oder zufällt, kann dies ein heilsamer Wink sein, der vor Überheblichkeit schützt: Er zeigt, daß man dem Leben nicht immer den eigenen Stempel aufdrücken kann.

Nimmt man Niederlagen als Herausforderung und Chance, neue Lebensperspektiven zu gewinnen, so verlieren sie ihr zerstörerisches Potential. Im günstigen Fall wird man sogar demütiger und dankbarer, weil man manches nicht mehr für so selbstverständlich hält, was einem bisher glückte. Natürlich ist es angenehmer zu gewinnen, als zu verlieren. Falls einem aber an persönlichem Wachstum liegt, gilt es anzunehmen, daß Niederlagen zur Reifung und zur Erweiterung des Lebenshorizonts gehören. Sie zwingen uns, nach Lösungen zu suchen, indem sie uns von Sicherheiten lösen, in die Einsamkeit schicken, nach Höherem streben lassen oder mit einem Drachen kämpfen lehren. Aber sie zerstören uns nicht. Eine Niederlage lähmt vielleicht im ersten Moment, aber sie zerstört nicht die Persönlichkeit. Sie kann die eigene Persönlichkeit sogar erweitern. Selten ist eine Niederlage derart zerschmetternd, als daß sie nicht noch weitere Möglichkeiten offen ließe. Vielleicht erfahren wir erst durch Niederlagen, welche Möglichkeiten überhaupt in uns stecken.

Wesentlich scheint mir die Haltung, mit der wir Niederlagen begegnen. Zwei Metaphern fallen mir dazu ein: der Held und das Stehaufmännchen. Der Held versucht zu kämpfen mit den Waffen der Einsicht, des Wissens und der Stärke. Das ist ein wichtiger und unverzichtbarer Weg. Aber er birgt das Risiko, alles als machbar anzusehen und so immer wieder an Grenzen zu stoßen. Das Bild des Stehaufmännchens – oder „Stehaufweibchens" – liegt für mich eher im Bereich eines weiblichen Zugangs zur Welt. Es gibt eine Zeit zu kämpfen, und es gibt eine Zeit, sich dem hinzugeben, was ist. Wer verloren hat, darf auch weinen und Tränen zeigen. Und dann wieder aufstehen, nach neuen Wegen schauen und weitergehen.

Selige Umkehr

Man kann Fehler machen, sich (ver)irren, fehlen gar, schusselig oder verblendet sein. Jeder kennt solche Situationen. Solange es die Bereitschaft zur Einsicht, zur Infragestellung und zur Umkehr gibt, ist das nur allzu menschlich. Doch es ist erstaunlich, daß der Begriff der Reue im Vokabular der Psychotherapie fehlt. Kann es sein, daß sich hier eine subtile Weigerung gegenüber einem Thema ausdrückt, das doch letztlich ein heimliches Generalthema jeder Lebensgeschichte ist? Reue ist die Chance, einen neuen Anfang zu finden. Für mich hat dies mit Klugheit zu tun, wenn man merkt, daß der Stand, auf den man baute, brüchig oder morsch geworden ist. Dann gibt es nur noch eines: aussteigen, neu beginnen, bevor es zu spät ist. Das gilt auch und im besonderen in der Krise der mittleren Jahre, die ja schließlich einige Jahre dauern kann. Sie kann dank der Reue zu notwendigen Veränderungen eines nicht mehr tragfähigen Lebensentwurfes führen. Es gibt den Ausspruch: „Die Reue ist ein hinkender Bote.“ Das ist tröstlich, wenn er recht verstanden wird im Sinne von: „Ich komme zwar mit Verspätung, aber immerhin rechtzeitig genug, um neu zu beginnen.“ Natürlich kann man seine Chance der Umkehr auch verschlafen. Deswegen bedarf die Reue einer Schwester, die Hand in Hand mit ihr geht – die Achtsamkeit. Sie hält Wache an den Pforten unseres Leibes, unseres Geistes und unserer Seele. Was tue ich gerade? Welche Gefühle wollen mich jetzt überwältigen? Welche Gedanken wollen mich jetzt beherrschen? Die Achtsamkeit warnt uns vor den Fallen.

Es ist nicht lange her, daß ich selbst in solch eine Falle lief. Ein ausschweifender, seliger Abend, zuviel Essen und Trinken, zuviel Sprechen und Musik, und überhaupt von allem ein bißchen zuviel. Am nächsten Morgen bekam ich meine verdiente Quittung, ich wäre am liebsten erst gar nicht aufgestanden. Wie gut, daß ich das erlebt habe. Eine wichtige Lektion, die mich meinem erträglichen Maß und der Demut wieder ein Stück näher brachte. Keine nachträglichen Schuldgefühle, sondern eine selige Reue, die mir ein Körnchen schmerzhafte Einsicht gab. Sich nicht über seine Fehler definieren, sondern über sich hinausgehen, das Alte weglegen und weitergehen. Wenn wir uns ständig mit unseren Wunden und Schwächen identifizieren, vergessen wir, daß wir auch Kräfte zur Selbstbefreiung und Selbsterneuerung in uns tragen. Vielleicht sind es gerade unsere schlimmsten Fehler und Abstürze, die uns zur Reife führen. Rilke hat sinngemäß gesagt: Ich möchte meine Teufel nicht austreiben, weil ich fürchte, daß dann auch meine Engel verschwinden.

Schritt für Schritt

Üben – dabei denken vielleicht manche an die Zeit, in der sie gezwungen waren, Klavier zu üben. Es weckt Erinnerungen an Lehrer, Eltern, Vorgesetzte, die Sprüche von sich gaben wie: „Übung macht den Meister", „Erfolg fällt nicht vom Himmel". Daraus haben die meisten gefolgert: Üben macht keinen Spaß. Es ist langweilig, frustrierend, mühsam und auch unangenehm. Wer will schon immer wieder dasselbe tun?

Üben ist eine Lebenseinstellung. Kein Mensch kann erwarten, daß er alles sofort kann. Alles Lernen ist ein Üben. Erinnern Sie sich daran, wie Sie zum ersten Mal Ihre Schuhe zuschnürten oder Ihre ersten Schwimmzüge versuchten? Was wir als Kinder selbstverständlich und automatisch taten, gilt auch für uns als Erwachsene, denn neue Fertigkeiten und Fähigkeiten lassen sich nur erlernen, wenn wir fortwährend üben. Jede Fertigkeit, jede Gewohnheit, jede Kunst wird nur durch beharrliches Üben gemeistert. Leben ist ständiges Üben. Jede Wiederholung hinterläßt eine Spur im Gehirn und stellt Verknüpfungen her, durch die die Handlung beim nächstenmal einfacher geht. Das gilt auch für den Umgang mit anderen Menschen. Wenn wir uns vornehmen, unsere Gefühle wahrzunehmen und auszudrücken, können wir nicht davon ausgehen, daß das sofort klappt. Immer wieder müssen wir Ängste überwinden, wenn wir beispielsweise einem Freund die Meinung sagen wollen. Beim ersten Mal bekommen wir vielleicht Herzklopfen, beim zweiten Mal schon ein bißchen weniger. Und beim zwanzigsten Mal werden wir vielleicht überhaupt nicht mehr nervös. Wenn wir die Notwendigkeit des Übens anerkennen, ersparen wir uns unnötige Versagensgefühle. Statt zu sagen: „Das schaffe ich nie!" können wir zuversichtlich sein: „Ich muß noch ein wenig üben. Immerhin habe ich schon einen kleinen Fortschritt gemacht."

Das Üben fängt mit dem ersten Schritt, dem ersten Ton, dem ersten Telefonat, dem ersten Satz schon an. Diese erste Hürde zu nehmen, ist bereits ein Fortschritt. Dabei geht es nicht so sehr darum, ob wir dies gern tun oder nicht, sondern daß wir diesen Schritt tun – weil er getan sein will. So nimmt man die Zukunft in die eigene Hand. Für mich ist Üben wie ein Tanz, man beginnt mit kleinen Schritten und fühlt sich erst einmal regelrecht erleichtert, angeregt und zuversichtlich. Und nach diesen kleinen Energiespritzen fallen die weiteren Schritte wesentlich leichter. Dann heißt es, den Tanz fortzusetzen. Und zum Tanz gehört auch, daß wir nicht gradlinig vorwärtsschreiten, sondern zwei Schritte vorwärts, einen zurück. Wenn wir diesen Tanz so verstehen wie er nun einmal ist – zwei vor, einen zurück – dann sind Rückschläge auch leichter zu ertragen.

Eigentlich ist es nicht wichtig, was man übt. Man könnte sogar sagen: Tu, was du willst, aber wolle, was du tust. Ob ich nun täglich ein Instrument übe, eine Sprache lerne, eine innere Einstellung pflege oder ein Gespräch führe, das sind letztlich nur Vehikel, auf denen ich etwas übe, was meinem Wachstum und dem Umgang mit meinen Schwächen dient. Das Wichtigste, was wir beim Üben lernen, ist nämlich eine unbezahlbare Lektion, sie heißt: Geduld. Und Geduld hat etwas mit Mut zu tun. Geduld ist das Vertrauen, daß sich unser Wesen in allem, was wir tun, entfaltet, unabhängig von unseren Plänen, Rückschlägen, Ergebnissen und Erfolgen. Wenn wir lebendig bleiben wollen und uns als Lernende begreifen, gibt es nur eines: üben, üben und nochmals üben. Und was entdeckt man dabei? – Ich kann.

Umgang mit Geld

Geld? Das konnte aus der geduldigen Mutter ein Nervenbündel und aus dem Vater einen Tyrannen machen. Warum spielt es heutzutage solch eine wichtige Rolle? Ursprünglich war es ein einfaches Tauschmittel, und nun scheint es ein Eigenleben zu führen, das unser Leben beherrscht. Das muß aber nicht so sein. Wie wäre es, Geld einmal unter dem Aspekt von Liebe und Beziehungen zu sehen?

Wie fühlen Sie sich beim Nehmen oder Geben von Geld? Geben Sie aus Zuneigung, Mitgefühl oder aus Berechnung oder Angst? Nehmen Sie aus Dankbarkeit, Rache, Gier oder Wut? Geld beeinflußt unsere Beziehungen und gilt als Symbol dafür, wie man mit Macht und Kommunikation in dieser Welt umgeht. Jeder hat seine persönliche Geschichte mit Geld und seine eigene Art und Weise, sie zu verdrängen. Wenn Sie herausfinden wollen, was Ihnen wichtig ist in bezug auf Geben und Nehmen, dann lohnt es sich, ein Geldtagebuch anzulegen. Notieren Sie die wichtigsten Ausgaben eines

Tages, eines Monats oder länger. Fügen Sie Gedanken und Erinnerungen nicht nur an aktuelle, sondern auch an zurückliegende Gelderlebnisse hinzu unter der Fragestellung: Wie habe ich mich dabei gefühlt? Dieser Weg, sich Rechenschaft abzulegen, ist eine heilsame Möglichkeit, Unbewußtes an die Oberfläche zu bringen. Muster aus der Kindheit, die mit dem Nehmen und Geben von Liebe und Macht in Zusammenhang stehen, die interessanten Aufschluß darüber geben, ob und wie wir uns etwas gönnen, uns einengen, blockieren oder verausgaben. Der Umgang mit Geld führt zur existentiellen Bilanz über Beziehungsmuster über das Geben und Nehmen in Gefühlsangelegenheiten, die ihren Ursprung meist in der Kindheit haben. Wer sich dabei genau beobachtet, kann Aufschlußreiches über sich entdecken. Zum Beispiel die Diskrepanz zwischen Geiz im Kleinen und Großzügigkeit oder sogar Leichtsinn bei großen Ausgaben. Oder die Erinnerung an die Angst vor dem Einfordern von Geld. Oder davor, für eine erbrachte Leistung Geld zu fordern. Für viele ist das Nehmen von Geld keineswegs angenehmer als das Geben, weil das Nehmen alte Ängste von Abhängigkeiten, von Gegenleistungen oder „Kriegskosten" heraufbeschwört, die man zu entrichten hatte. Eine typische Frauen-Szene hierzu: „Könntest du mir mein Manuskript für meine Diplomarbeit abtippen?" – „Ich hab' sowieso momentan nicht viel zu tun." – „Es sind nur etwa 120 Seiten." – „Kein Problem." – „Und wegen dem Bezahlen?" – „Ach, ich bin sowieso nicht hinter dem Geld her." – „Also gut, ich überleg' mir was Schönes. Vielleicht ein tolles Abendessen, oder eine Reflexzonenmassage – das entspannt unglaublich." Frauen haben es scheinbar schwer, mit Geld umzugehen – aber muß deswegen Frauenarbeit unbezahlt sein?

Auch das Geben ist nicht unproblematisch, denn es rührt unmittelbar an Wertvorstellungen und Selbstwertgefühle: Was habe ich zu geben? Wem? Wie schätze ich meine Werte ein? Wie reich fühle ich mich? Komme ich zu kurz? Wie wäre es, wenn Sie Ihren feuerspeienden Drachen, der auf Ihrem Geldbeutel sitzt, besänftigen oder gar entlassen würden? Bedenken Sie: Wir alle können in die andere Welt nichts mitnehmen – auch nicht einen Geldtopf.

Lebenskraft stärken

Atmen ist Leben

Müdigkeit, Konzentrationsmangel, Kopfschmerz, Depression, Muskelverspannungen: Falsches Atmen ist oft die Ursache. Viele merken nicht, daß falsches Atmen für so manche Probleme verantwortlich sein kann.

Richtiges Atmen läßt sich lernen, am besten Sie beginnen schon am Morgen noch im Bett damit. Strecken Sie die Arme über den Kopf und dehnen Sie mit einem tiefen Atemzug den Brustkorb. So können sich die Lungen weit ausdehnen. Beim Ausatmen lassen Sie dann die Arme weit herabsinken und stoßen die verbrauchte Luft der Nacht aus.

Noch wirkungsvoller ist das morgendliche Atmen bei geöffnetem Fenster: Stellen Sie sich vor das geöffnete Fenster und atmen Sie kräftig aus. Heben Sie beim Einatmen den rechten Arm langsam so weit über den Kopf, bis die ganze rechte Seite gedehnt ist. Beim Ausatmen heben Sie den linken Arm und lassen den rechten Arm sinken, bis Sie ganz nach rechts gedehnt sind und der rechte Lungenlappen völlig ausgepreßt ist. Wiederholen Sie diese Übung drei Mal, und heben Sie zum Schluß beim Einatmen beide Arme hoch, weiten den Brustkorb, strecken den Bauch heraus, bis die ganze Lunge voll entfaltet ist. Dann lassen Sie die Arme mit dem Ausatmen fallen und gehen gleichzeitig in die Hocke. Dabei wird die ganze Luft ausgeatmet. Mit dem Einatmen kommen Sie aus der Hocke wieder hoch und strecken die Arme. Wiederholen Sie diesen Vorgang dreimal.

Sie werden sehen, daß Sie sich nach dieser kurzen Atemaktivierung den ganzen Tag frisch, gut gelaunt und leistungsfähig fühlen. Auch tagsüber können Sie durch tiefes Ein- und kräftiges Ausatmen Müdigkeit, Anspannung im Handumdrehen wegblasen. Wenn Sie sich darüber hinaus noch suggerieren: „Gelassen bleiben!" „Entspannt bleiben!" wird die Wirkung des vertieften Ein- und Ausatmens noch verstärkt. Ruhiges Bauchatmen entspannt nicht nur die Muskulatur, auch die Gefäße entspannen sich, und die Durchblutung wird verbessert. Deshalb tagsüber immer wieder einmal innehalten, zurücklehnen und in aller Ruhe tief bauchatmen:

Beim Einatmen den Bauch herausstrecken – beim Ausatmen den Bauch einziehen! Atmen darf nicht zur Arbeit ausarten oder gar anstrengend sein. Im Gegenteil, es soll ein genußvoller, ruhiger, fließender Ablauf sein, der Blockaden löst und uns mit uns selbst wieder mehr in Kontakt bringt.

Auch am Abend läßt sich das tiefe Atmen ans Einschlafhilfe oder zum Streßabbau einsetzen.

Legen Sie sich auf den Teppich oder auf eine Couch, den Kopf entspannt auf einem Kissen, auf den Bauch legen Sie ein schweres Buch. Konzentrieren Sie sich nur noch auf Bauch und Buch. Beobachten Sie, wie beim Einatmen der Bauch das Buch hebt, beim Ausatmen das Buch herabsinkt. Ganz langsam und ruhig und völlig entspannt sollte dieser Ablauf sein. Vergessen Sie alles, nur Bauch, Buch und Atem sind wichtig. Nach ein paar Minuten werden Sie feststellen, daß ihr Rücken sich entspannt, Ihr Puls sich verlangsamt und Wohlbehagen durch Ihren Körper strömt.

Wer seine Atemleistung grundlegend verbessern will, für den gibt es ein Trainingsgerät, das nur ein paar Pfennige kostet. Kaufen Sie sich ein paar Luftballons. Blasen Sie einen Luftballon fünf- bis sechs Mal am Tag auf, dann kräftigt sich die Atemmuskulatur, und schon nach ein paar Tagen ist die Atemleistung wesentlich verbessert. Diese Idee verdanke ich den Vorübungen zur Kunst des Trompetenspiels.

Dampf ablassen

Haben Sie ein schlechtes Gewissen, wenn Sie mal wieder geschimpft haben? Schimpfen ist nicht so schlecht wie sein Ruf, jedenfalls ist es menschlich. Jeder Mensch schimpft, wenn er sich ärgert. Manche sogar täglich und ausführlich. Überall auf der Welt wird geschimpft und geflucht. Jede Kultur kennt ihre Eigenarten, und in manchen Kulturen wird etwas häufiger geschimpft als in anderen. Als Weltmeister des Fluchens gelten die Ungarn. Und in Deutschland weiß man, daß die Bayern weniger zimperlich sind beim Schimpfen als die Hamburger.

Dennoch haftet dem Schimpfen so etwas wie ein schändlicher Beigeschmack an. Noch vor einem halben Jahrhundert brandmarkten die Psychoanalytiker das Schimpfen und Fluchen als Ausdruck des Todestriebes. Inzwischen haben sich Schimpfwortforscher dieses Phänomens angenommen – mit dem Ergebnis: „Schimpfen ist gesund!" Das Schimpfen gilt laut Sprachforscher Stephan Wyss als postwendende Antwort auf Verhältnisse, die wir nicht mehr im Griff haben. Heißt das nun, daß wir alle hemmungslos schimpfen dürfen? Die Frage muß man wohl etwas differenzieren. Ähnlich wie bei den Bakterien gibt es ein optimales Maß. Die Forderung, aus Gründen der Moral und der geistigen Gesundheit müsse auf das Schimpfen generell verzichtet werden, ist ebenso unsinnig wie ein undifferenzierter Haß auf Bakterien – denn dann müßte man notgedrungen auch gegen jene Bakterien sein, ohne die Köstlichkeiten wie Wein und Käse undenkbar wären und ohne die unsere Verdauung nicht funktionieren könnte. Wenn wir den Wert von Bakterien bestimmen wollen, dann dürfen wir auf keinen Fall den Fehler machen, Kontext und Konsequenzen außer acht zu lassen; denn nur wenige Bakterien sind Krankheitserreger und somit schädlich. Andere hingegen tragen zur Bereicherung des Lebens bei. Ähnliches gilt auch für das Schimpfen, auch da gibt es ein Maß, jenseits dessen alles schädlich ist. Das sagt man ja auch über viele andere menschliche Leidenschaften wie Wein, Schokolade, Sport, Schlaf, Sauerstoff und Liebe. Auch beim Schimpfen braucht es Maß und Regeln. Die erste Regel lautet: nicht im Übermaß! Jemand, der nur schimpft, belastet sich und seine Umwelt gleichermaßen. Da hilft nur auf Abstand zu gehen, um nicht Opfer dieser geistigen Umweltverschmutzung zu werden. Vor allem wenn es unter die sogenannte Gürtellinie zielt, kann Schimpfen verletzend sein. Es gibt auch beim Schimpfen verschiedene Schweregrade, leichteres, mittelschweres oder auch scharfes Geschütz. Manchmal kann ein Schimpfwort verletzender sein als eine Ohrfeige. Deswegen ist Rücksicht angesagt, vor allem wenn das Gegenüber weniger stark oder schlagfertig ist. Vielleicht gehört das Schimpfen nicht gerade in den Salon, aber es ist und bleibt ein wichtiges Ventil, das mit starken Wörtern nicht nur Enttäuschung und Ärger abbaut, es verschafft auch ein bißchen Erholung von den anstrengenden Regeln des Anstands. Es hält uns geistig und körperlich im Gleichgewicht. Auch wenn es nicht gerade ein feines, so ist es doch ein wichtiges Instrument der Psychohygiene. Wenn es mit einer bekömmlichen Dosierung gehandhabt wird, so besteht auch keine Suchtgefahr. Ich weiß zwar, daß die Treppe nichts dafür kann, wenn ich mal wieder stolpere, aber immerhin kann ich wieder lachen, wenn ich ihr einen dezenten Gruß „Du Sauhund!" hinterhergeschickt habe. Das Schimpfen auf Gegenstände ist wohl ein Relikt unserer Kindheit, aber es ist doch recht harmlos.

Wenn man allerdings zu oft schimpft und stets die gleichen Wörter benutzt, so haben sie Verschleißeffekt und bleiben auch bei einem selbst wirkungslos. Ich denke dabei an das internationale Wort „shit", das schon derart verbraucht ist, daß es kaum mehr registriert wird. Auch beim Schimpfen sind Phantasie und Abwechslung gefragt. Warum nicht einmal richtig poetisch werden? „Ich furze in deines Vaters Bart", so schimpft man im Iran. Warum also nicht einmal einen eigenen Schimpfvers erfinden – als Ausdruck sprachschöpferischer Phantasie? Wer singen kann, sollte es einmal mit einem Lied oder einer Opernarienversion versuchen. Zumindest sind dann die Tore zum Lachen wieder geöffnet.

Fit durch Fingerdruck

Wenn Sie zu den Menschen gehören, die gern etwas mit den Fingern tun, dann sollten Sie Fingeryoga üben. Es geht ganz leicht, fast nebenbei zu praktizieren. Und dabei erfahren Sie vielleicht ein bißchen mehr über Ihre Hände, die so vieles können. Hände haben eine eigene Persönlichkeit, sie haben Linien, sie können feinspürig und doch unglaublich stark sein. Mit den Händen schenken wir Freude, berühren unsere Nächsten, behandeln und begreifen die Welt. Mit unserem Handschlag zeigen wir, wer und wie wir sind. Allein ein einfaches Zusammenlegen der Finger, mal sanft, mal mit Druck, besänftigt oder regt an, vertreibt die Müdigkeit, löst Spannungen, fördert die Konzentration. Man wird ruhig und ausgeglichen. Vorausgesetzt Sie haben die

Geduld, Ihre Finger zehn Minuten in einer bestimmten Stellung zu halten.

Beginnen Sie ganz einfach mit einer praktischen Übung zur Lösung von Spannungen und Beruhigung von Nerven und Gemüt. Sie können sie überall und immer dann ausführen, wenn Sie mit Ihren Händen nichts Besseres zu tun haben: Legen Sie die Fäuste zusammen, die Daumen bleiben gestreckt. Atmen Sie tief ein, öffnen Sie die Fäuste, strecken Sie die Finger, so daß die Fingerkuppen aneinanderliegen. Biegen Sie die Finger nach hinten, wie ein Blumenkelch, der sich öffnet, und schließen Sie beim Ausatmen wieder die Fäuste.

Sind Sie müde, erschöpft oder unkonzentriert? Dann legen sie etwa zehn Minuten lang Ringfinger und Daumen mit leichtem Druck aneinander. Die übrigen Finger bleiben in entspannter Haltung gestreckt.

Sind Sie nervös? Dann legen Sie die Spitzen von Ringfinger und kleinem Finger mit der Daumenspitze zusammen. Die übrigen Finger bleiben gestreckt. Merken Sie, wie Sie im Nu ruhiger werden!

Diese wohltuenden Übungen haben ihren Ursprung in der traditionellen Hindu-Medizin, dem Ayurveda. Dieser alten Lehre zufolge setzt man durch eine bestimmte Fingerstellung im Organismus Schwingungen in Gang, die den Körper und Geist befähigen, sein aus dem Gleichgewicht geratenes Wohlgefühl wieder selbst herzustellen. Jedem der fünf Finger ist dabei eine bestimmte Funktion zugedacht, der Daumen steht für Feuer, der Zeigefinger für Luft, der Mittelfinger für den Himmel, der Ringfinger für die Erde und der kleine Finger für Wasser. Je nach Fingerposition können die fünf verschiedenen Kräfte im Organismus beeinflußt und ausgeglichen werden. Wenn Sie also beim Warten, als Beifahrer oder in einer Pause nichts anderes zu tun haben, benutzen Sie Ihre Finger als Pausenspielzeuge. Sie werden nicht nur entdecken, was für ein Wunder Hände sind, Ihre Hände werden auch weicher, geschmeidiger, anmutiger und ausdrucksvoller. Hände lieben es, bewegt zu werden.

Wenn Sie Zeit für Ihre Kinder haben, dann probieren Sie doch gemeinsam einmal ein wenig Fingertraining. Das trainiert nicht nur die Fingerfertigkeit, es macht auch Spaß und wirkt sehr beruhigend.

Beginnen Sie damit, die rechte Hand oberhalb der Brust auf das Brustbein zu legen. Ist das nicht beruhigend? Mit dem Daumen beginnend legen Sie dann die Fingerkuppen einzeln gegeneinander, bis Finger und Handflächen aufeinander ruhen. Ganz automatisch vertieft sich die Atmung. Danach legen Sie die Handflächen und Finger gegeneinander. Strecken und kreuzen Sie abwechselnd jedes Fingerpaar, beginnend mit den kleinen Fingern. Jedes Fingerpaar wird mehrere Male gekreuzt. Zum Schluß klopfen Sie mit beiden Fäusten leicht auf die Stelle oberhalb der Brust. Das wirkt belebend, entspannend und stärkt das Selbstbewußtsein.

Rund um den Bauch

Bäuche lassen sich lesen wie Gesichter. Sie lassen sich entdecken durch Formen, Farben, durch Kargheit, Flachheit, Prallheit, Drallheit oder Üppigkeit. Man könnte fast sagen: „Zeige mir deinen Bauch, und ich sage dir, wie du bist." Meistens erfahren wir heutzutage unsere bauchige Mitte meist nur dann, wenn sie kneift und zwickt. Und viele Menschen gehen nicht sehr liebevoll mit ihrer Mitte um und vergleichen, beurteilen und verstecken sie. Dabei verrät doch das Wort von der Mitte etwas Kostbares, Grundlegendes. Die goldene Mitte, der goldene Mittelweg, die Mitte finden, zur Mitte zurückkehren. Doch um die Mitte zu finden, muß ich sie suchen, mich ihr widmen. Was bedeutet es, seinen Bauch zu entdecken? Ich glaube, daß wir unseres Bauches gewahr sein und körperliche Bewußtheit entwickeln müssen, die unsere Lebendigkeit fördert. Für viele ist aber das Ziel von körperlichen Betätigungen, gut auszusehen und nicht, sich gut zu fühlen. Viele Bäuche sitzen heutzutage im Kopf. Sie werden geplagt mit Training, Jogging, Gurken, Magerjoghurt, Mineralwasser und Kräutertee. Die Menschen wollen einen festen, flachen Bauch – das heißt eigentlich keinen Bauch. Aber um dies zu erreichen, müßte man die Bauchmuskeln derart anspannen, daß die normale Bauchatmung fast unmöglich würde. Abgesehen von den schädlichen gesundheitlichen Auswirkungen, ist Flachheit vom Standpunkt der Ästhetik und des Geschmacks eine negative Qualität – ein Ausdruck des Mangels. Etwas als flach zu bezeichnen, bedeutet, daß es ohne Tiefe, Kraft oder Geschmack ist. Psychologisch bedeutet Flachheit des Affekts einen Mangel an Gefühl oder Empfindung. Gutes Aussehen sollte immer ein Spiegel eines guten Körpergefühls sein, aber ohne ein gutes Körpergefühl erweist sich das gute Aussehen nur als Maske und ist meistens die Folge großer Quälerei.

Sich mit seinem Bauch befreunden, sich Zeit für ihn zu nehmen, um zu entdecken, wie er sich anfühlt, das sind die ersten Schritte, um unsere persönliche Lebendigkeit und Kraft zurückzufordern. Wohl jeder hat schon einmal die intensive Lust verspürt, tief durchzuatmen. Eine solche Art zu atmen bezieht den ganzen Körper mit ein. Tief in den Bauch atmen lädt den ganzen Körper auf und macht ihn lebendig. Der Muskeltonus verbessert sich und die Körperwärme steigt. Auch Bauchmassagen helfen, ein Gefühl für den Bauch zu bekommen. Sie bereiten körperliches Vergnügen und vermitteln einen Sinn für die Beschaffenheit und die Ausmaße des Körpers. Am schönsten ist es, wenn man sich von einem guten Freund massieren läßt. Sich einfach berühren lassen von jemandem, der nichts von einem will, das ist ein unbezahlbarer Genuß.

Verbringen Sie doch einmal eine Minute vor ihrem Spiegel, und achten Sie auf Ihren Bauch, seine Kurven, Linien und Ausformungen. Bauch bedeutet, nicht nur für Kinder, geheimnisvolle Höhle, in der es rumpelt und pumpelt, zwackt und plackt, ja sogar manchmal schreit oder redet. Spüren Sie hin in Ihre dunkle Höhle, und betrachten Sie sie von außen, aber urteilen Sie nicht. Falls ein Urteil auftaucht: „Mein Bauch ist schwabbelig“, erset-

zen Sie es durch eine Beobachtung: „Meine Haut ist samtig und zart." Schauen Sie Ihren Bauch mit den Augen eines wohlwollenden Freundes an, als ob Sie ihn mögen. Und Sie werden sich und Ihren Bauch mögen. Wenn Sie ein bißchen mehr tun wollen, können Sie mit Ihrem Bauch in ein Gespräch kommen. Erzählen Sie ihm, wie schwer es Ihnen fällt, ihn anzunehmen. Fragen Sie ihn, wie er sich dabei fühlt, und achten Sie auf die Antworten, die da aus Ihrem Bauch kommen. Vielleicht können Sie ein Gefühl der Dankbarkeit entwickeln, weil er trotz allem seine Aufgaben – so gut es ihm möglich war – erfüllt hat.

Es geht nicht darum, daß Sie ihn besonders attraktiv finden, sondern daß Sie ihn als zu sich gehörig annehmen und ja zu ihm sagen. Überhaupt sind Bäuche dazu da, daß man mit ihnen gut lebt.

Nackenschmerzen vertreiben

Kennen Sie diese kleinen Monster im Nacken, die Ihnen als Folge von eintöniger Schreibtisch- oder Computertätigkeit Schmerzen verursachen? Es gibt hilfreiche kleine Reize, die Ihre Schmerzen schon nach kurzer Zeit lindern können.

Verschränken Sie Ihre Hände im Nacken, ziehen Sie dabei Ihre Ellbogen weit nach vorne, so daß die Arme den Kopf umschließen. Drücken Sie den Kopf fest gegen die verschränkten Hände und ziehen Sie mit den Händen gegen den Nacken. Halten Sie die Spannung mehrere Atemzüge lang, wandern Sie dann langsam mit den Ellbogen auseinander, so daß sich die Schulterblätter wieder zueinander ziehen, und spannen Sie die Schultern weit nach rückwärts an. Wenn der Schultergürtel und der ganze Nacken fest angespannt sind, halten Sie noch ein paar Atemzüge und lassen Sie dann alles los. Schütteln Sie Ihre Arme und Schultern kurz und kräftig aus, und wiederholen Sie die Übung noch zweimal. Schon bald werden Sie merken, daß es Ihrem Nacken viel besser geht.

Wenn Sie wenig Zeit haben, genügt auch eine kurze Anspannung der Schultermuskeln mit anschließendem Loslassen. Das sorgt für eine bessere Durchblutung. Wenn Sie daran denken, schon ein gelegentliches Dehnen Ihrer verspannten Nackenpartie kann Linderung bringen. Je öfter Sie solche entspannenden Reize setzen, desto ungetrübter können Sie Ihrem „Feierabend" entgegensehen.

Trotz Kater wieder munter

Wenn Sie am Morgen nach einer allzu feuchtfröhlichen Nacht unter den Auswirkungen von viel Alkohol, Nikotin oder zu wenig Schlaf leiden, so ist das kein Grund zur Depression. Die verräterischen Spuren Ihres „Katers" lassen sich mit ein paar einfachen Mitteln beseitigen oder zumindest erheblich mildern.

Sie können beispielsweise Ihren Kater an die frische Luft führen. Gönnen Sie sich einen langen Spaziergang, damit Ihre Zellen allmählich zu neuer Lebenslust erwachen. Schauen Sie in das Blau des Himmels, saugen Sie die Frische der Luft in sich ein, und bewegen Sie Ihren Körper langsam und geschmeidig wie eine Katze.

Für die Wasserratten: Wie wäre es mit einem Aufweckbad? Das könnte Ihren Kreislauf ganz schön in Schwung bringen. Geben Sie in das warme Badewasser ein paar Tropfen Rosmarinöl, Eukalyptusöl und Pfefferminzöl sowie einen guten Schuß Apfelessig. Während des Badens langsam warmes Wasser nachfließen lassen und den ganzen Körper mit einer Bürste abreiben. Nach Beendigung des Bades den Oberkörper kalt abwaschen und den ganzen Körper fest abfrottieren.

Natürlich darf im Reigen der Muntermacher die bewährte Wasseranwendung von Pfarrer Kneipp nicht fehlen. Das Gesichtskneipen geht ganz einfach: Man läßt läßt mit dem Duschkopf kaltes Wasser eine Minute lang rund um die Nase über das Gesicht wandern – zuerst in großen Kreisen, dann im Zickzack und zum Schluß in einer Acht. Anschließend legt man sich mit noch feuchter Haut ein paar Minuten hin, schließt die Augen und bedeckt das Gesicht mit einem Handtuch und wartet, bis man ein Wärmegefühl im Gesicht verspürt. Wie neu geboren sieht man danach aus.

Wer frische Farbe ins Gesicht und verquollene Augen zum Verschwinden bringen will, dem hilft eine Quark-

maske. Man mischt zwei Eßlöffel Quark mit je einem Eßlöffel Joghurt und Honig sowie einem Teelöffel Zitronensaft zu einer cremigen Paste, die man rund um die Augen sowie um Stirn und Wangen streicht. Diese Packung läßt man etwa eine Viertelstunde einwirken und wäscht sie anschließend ab.

Die letzten Überreste der durchfeierten Nacht lassen sich am besten mit einem ordentlichen Katerfrühstück verscheuchen. Wie wäre es mit einem gesunden Sauerkrautsalat? Hier das Rezept, für vier Personen berechnet: 400 gr Sauerkraut, 1 Apfel, 4 kleine Essiggurken, etwas Zitronensaft, 1 Teelöffel Honig, 1 Eßlöffel Öl, 200 gr Heringsfilets. Den Apfel und die Gurken würfeln und mit dem Sauerkraut, Honig, Zitronensaft und Öl vermengen. Portionsweise auf Tellern anrichten und die Heringsfilets darauf verteilen.

Sie sehen, auch gegen den „Kater" ist so manches Kraut gewachsen!

Montagslust

Das typische Montagsgefühl: Die Arbeit kann noch so viel Freude machen, aber nach einem genußvollen Wochenende ist die Lust, die Arbeitswoche wieder aufzunehmen, manchmal gleich Null. Doch statt sich in den Montagsfrust hineinfallen zu lassen, gibt es eine Menge Anregungen, wie man sich in Schwung bringen kann und den Montagmorgen versüßt. Die wichtigste Spielregel dabei lautet: Zeit nehmen. Besonders zu Beginn der Woche sollte man jede Hektik vermeiden und lieber alles ein bißchen langsamer angehen, denn die Seele braucht ihre Zeit, um sich nach dem Wochenende wieder umzustellen und auf einen anderen Rhythmus einzulassen. Daher statt der schnellen Dusche ruhig mal ein Schaumbad mit vitalisierenden Essenzen nehmen oder statt der gewohnten Zeitung einen guten Text ganz langsam lesen, damit auch für Geist und Seele die Woche mit guter Nahrung beginnt. Auch das Frühstück sollte die Sinne lustvoll auf den Tag einstimmen. Es muß nicht ausgefallen oder üppig sein, aber es sollte gemütlich sein. Gemütlichkeit läßt sich durch ein paar einfache Ingredienzien ganz einfach herbeizaubern. Schon eine Kerze genügt oder ein paar gedämpfte, wohltuende Klänge. Beides hat eine entlastende Wirkung auf das angespannte Nervenkostüm von Menschen. Wer sich zu Beginn der Woche ein bißchen mehr Zeit nimmt, um sich zu verwöhnen, wird den kommenden Herausforderungen gegenüber gelassener sein. Ein guter Start ist wie eine kleine Kapitalanlage für Körper, Geist und Seele, die sich auszahlt, denn anschließend ist man belastbarer und nicht so schnell aus der Fassung zu bringen – und der Montag verliert seinen Schrecken.

Das gleiche Prinzip gilt auch für den Arbeitsplatz: nicht gleich voll durchstarten, sondern langsam angehen lassen. Vielleicht erst einmal ein bißchen mit den Kollegen plaudern, den Arbeitsplatz frei machen oder Notizen machen. Manchmal wirkt eine einzige Blume oder ein mitgebrachter Blumenstrauß für den Schreibtisch Wunder, die heikle Atmosphäre des Wochenbeginns verwandelt sich wie von Zauberhand. Es bewährt sich, erst einmal mit den Routinearbeiten wie Post oder Ablage zu beginnen, um sich dann an die anspruchsvolleren Aufgaben und Gesprächstermine heranzuwagen. Wenn man den Tag in kleinen, überschaubaren Dosierungen beginnt, wächst man fast unmerklich und ohne Streß in seine Energien und Aufgaben hinein. Dann sollte einem guten Start in die Woche eigentlich nichts mehr im Wege stehen.

Wer dennoch Probleme mit dem Montag hat, für den habe ich fünf Montagsübungen zusammengestellt, die man zu Hause und auch an der Arbeitsstelle durchführen kann, je nach Bedarf.

Gegen den „Montags-blues"

Wirkung: Weckt die Lebensgeister.

Stehen Sie in einer leichten Grätsche, die Arme hängen locker neben dem Körper. Heben Sie die Hände ganz langsam und strecken Sie sie nach oben nach allen Richtungen. Ziehen Sie sie langsam nach unten in Schulterhöhe und drehen Sie die Ellbogen nach außen und strecken Sie sich wieder in sämtliche Richtungen. Drehen Sie die Hände nach außen und strecken Sie die Arme wiederum in sämtliche Richtungen. Das Strecken sollte wie das Räkeln einer müden Katze sein. Zum Schluß werden die Handflächen aneinander gerieben und das Gesicht und die Kopfhaut mit den Händen gerieben.

Gegen montägliche Melancholieschübe

Wirkung: Anregung des Kreislaufs, gibt Kraft und Wärme.

Stellen Sie sich hin, die Füße dicht nebeneinander. Kreuzen Sie die Arme vor der Brust und halten Sie die Schultern mit den Händen fest. Die Ellbogen hängen dabei nach unten. Beugen Sie die Knie langsam nach unten, als würden Sie sich auf einen Stuhl setzen. Halten Sie die Beine zusammen, lassen Sie die Fersen auf dem Boden, halten Sie den Rücken gerade, und atmen Sie ganz tief und gleichmäßig in den Unterbauch. Wahrscheinlich können Sie fühlen, wie eine Wärme im Körper aufsteigt, möglicherweise beginnen Sie zu zittern. Verweilen Sie bei diesen Empfindungen, und halten Sie diese Stellung möglichst ein paar Atemzüge. Kehren Sie danach wieder in die aufrechte Stellung zurück und lösen Sie die Spannung auf. Spüren Sie die Energie, die aus den Beinen nach oben steigt?

Power-Start

Wirkung: erfrischt und harmonisiert den gestreßten Körper, weckt Lebensfreude und regt den Geist an.

Stellen Sie sich hin, setzen Sie die Füße bequem weit auseinander und neigen Sie mit dem Oberkörper vornüber. Heben Sie die Arme in weitem Kreis über die linke Seite bis über den Kopf und machen Sie dazu eine entsprechende Kreisbewegung mit dem Becken über die rechte Seite nach vorn. Lassen Sie die Arme in weitem Kreis über die rechte Seite nach unten sinken und bewegen Sie gleichzeitig das Becken von vorn zur linken Seite und nach hinten. Wiederholen Sie diese Übung dreimal und führen Sie sie dann in der entgegengesetzten Richtung aus. Der ganze Körper soll sich wie eine große Mühle im Wind drehen.

Diese Übung löst nicht nur Verspannung, sie bringt auch Frische und Freude in den Körper.

Gelassenheit

Wirkung: Eine Visualisierungsübung, die zu einem entspannten Körper und einem ebenso entspannten Geist führt.

Suchen Sie sich einen ruhigen Ort und setzen Sie sich in einen bequemen Sessel. Wenn Sie lieber liegen wollen, ist das auch in Ordnung.

Schließen Sie die Augen und stellen Sie sich vor, wie ein strahlend gelber Sonnenstrahl von oben in Ihren Kopf eindringt. Stellen Sie sich vor und spüren Sie, wie er Ihren Kopf erfüllt, den Hals, den Nacken, die Schultern, wie er in die Arme strömt bis in die Fingerspitzen, weiter in den Brustkorb und den ganzen Körper bis in die Zehen. Spüren Sie, wie er jede Zelle des Körpers nährt und stärkt und wunderbare Wärme, Harmonie und Energie mit sich bringt. Spüren Sie, wie Sie sich in einen entspannten Menschen voller Heiterkeit und mit einem Lächeln im Gesicht verwandeln. Sagen Sie sich folgende Affirmation: „Ich bin völlig entspannt und gelassen. Es geht mir besser, täglich immer besser." Zählen Sie auf sechs und öffnen Sie langsam die Augen.

Gegen böse Montagsüberraschungen

Wirkung: Seelische „Erste-Hilfe-Übung", wenn man sein inneres Gleichgewicht verliert.

Spannen Sie die Bauchmuskeln an, als würden Sie sich in ein Korsett zwängen, am besten mit nach vorn gestreckten Händen und an die Seite des Körpers gepreßte Ellbogen. Atmen Sie dabei mit leicht geöffnetem Mund auf der Silbe „sssss" aus. Entspannen Sie die Bauchmuskeln am Ende der Ausatemphase und lassen Sie den Atem sanft einströmen.

Grippe ohne Schuldgefühle

Wer kennt sie nicht, die gutmeinenden Menschen, die einem weismachen wollen, daß die Grippe, unter der man leidet, ein seelisches Problem sei. Nicht ein Virus, sondern die eigene Disharmonie habe die Nase verstopft. „Da hat sich etwas angestaut", „Du ißt halt das Falsche", sagen sie mit leicht vorwurfsvollem Ton. Ohne große Gedankenarbeit wird hier ein Terrain für schulderzeugende und moralische Vorstellungen von Kranksein verbreitet. Kurzum: Wir seien selbst schuld an unseren kleinen Zipperlein. Gesundheit wird damit zum moralischen Imperativ: Wer krank wird, ist einfach zu dumm, um gesund zu sein.

Wer sich über solche Gesundheitsmythen ärgert, wird vielleicht aufatmen beim Gedanken, daß das, was wir „krank" nennen, eigentlich schon ein Prozeß der Gesundung oder die Möglichkeit tieferer Regeneration ist. Meist spüren wir nämlich erst dann, daß wir aus dem Gleichgewicht geraten sind, wenn unser Körper versucht, es wieder herzustellen. Unser Körper besitzt eine Weisheit, die die unseres Verstandes bei weitem übertrifft. Also können wir dieser Körperweisheit vertrauen, die liebevoll für uns sorgt. Wir alle haben ein Recht, aus dem Gleichgewicht zu geraten. Ja, mehr noch, wir brauchen diese kleinen Schwankungen, um uns neu zu sammeln, um neue Fähigkeiten zu entwickeln, um das Leben wieder mit neuen Augen zu sehen. Kranksein ist auch ein Wachsen, ein Neuwerden. Könnte man nicht sagen, unsere kleinen Grippen sind unsere Freunde, die wir annehmen sollten? Also weder verdrängen, bekämpfen noch mit Immunisierungsspritzen verhindern, sondern uns fragen: Was fehlt mir? Was sind meine Bedürfnisse? Was kann ich tun, um wieder ins Gleichgewicht zu kommen?

Es kann eine schöne Erfahrung sein, krank zu sein und wieder zu gesunden. Vor allem wenn man jemanden um sich hat, der einen beim Gesunden unterstützt. Wann hat man sonst die Gelegenheit, eine schöne Geschichte vorgelesen oder das Essen ans Bett serviert zu bekommen? Was gibt es Tröstlicheres, als einen Menschen um sich zu wissen, der einem wohlwollend gesinnt, bei dem man sich beschützt und geborgen fühlen kann? Manchmal braucht man eine Grippe, um wieder zu fühlen, daß man gut aufgehoben ist und daß die beste Arznei doch immer ein liebender Mensch ist. Und schließlich muß man auch irgendwann seine vielen Bücher lesen, für die man im Alltag keine Zeit findet. Die Frage lautet also nicht: Wofür hast du diese Grippe gebraucht? sondern: Was machst du daraus?

Kleine Entspannungen

Sie hatten einen schlechten Tag, das Telefon zerrt an den Nerven, die Kinder sind nicht zu bändigen, und dann auch noch das Auto, das nicht anspringen will. Am liebsten würde man die Decke über den Kopf ziehen oder laut schreien. In solchen Momenten innerer Aufruhr gibt es eine einfache und sehr wirkungsvolle Entspannungstechnik, die man überall und selbst im schlimmsten Chaos einsetzen kann. Abgeschaut ist diese Technik von den Babies. Sie sind nämlich Bauchatmer. Erst durch kulturelle Disziplinierung werden sie zu Brustatmern und damit zu Flachatmern. Flaches Atmen führt zu den emotionalen Anfälligkeiten und Störungen und zu körperlicher Ermüdbarkeit, weil die Sauerstoffzufuhr eingeschränkt ist. Besonders Frauen fällt es schwer, tief zu atmen, weil in unserer Kultur der flache Bauch als Schönheitsideal gilt. Deshalb müssen wir bewußt unseren Bauch wieder beleben und eine natürliche Bauchatmung anstreben, die die natürliche Funktion des Zwerchfells wiederherstellt. Mini-Entspannungen können helfen, den Teufelskreis von Anspannung und Streß zu durchbrechen. Regelmäßig ausgeführt, dienen sie der Korrektur schlechter Atemgewohnheiten, und bei unangenehmen Situationen, in denen man rasch reagieren muß, bewirken sie heilsame körperliche und seelische Veränderungen.

Und so geht es: Sie halten inne und beginnen einfach zu atmen. Ganz langsam nehmen Sie einen tiefen Atemzug. Während Sie die Luft tief in Ihren Bauchraum einsaugen, zählen Sie: „Eins, zwei, drei, vier.“ Machen

Sie eine kurze Pause (ein, zwei Sekunden). Während des Ausatmens sagen Sie im Geist. „Vier, drei, zwei, eins." Wiederholen Sie das Ganze ein paarmal, und wenden Sie sich wieder Ihrer Umgebung zu. Die Folge ist, der Körper ist nicht mehr so verspannt, die Seele wird weiter, und der Geist ist klarer. Ziel dieser kurzen Entspannungsübung besteht darin, von der oberflächlichen Brustatmung auf die tiefe Bauchatmung umzuschalten. Schon solch eine kurze Atemübung verbessert die Fähigkeit, gelassener mit chaotischen Zuständen im Innern oder in der Außenwelt umzugehen. Man kann sie überall, zu jeder Zeit und so oft, wie man möchte, einsetzen. Ich kenne Menschen, die sie bis zu fünfzig Mal am Tag einsetzen, wenn es die Situation erfordert. Mit Hilfe dieser einfachen Übung kann man Angstspannungen innerhalb von Minuten oder Sekunden lösen, den überreizten Körper beruhigen und dem Gefühl der Hilflosigkeit wirkungsvoll entgegenwirken.

Zeit zum Luftholen

Zeit für ein gutes Buch, ein entspannendes Bad, für Freunde, für einen Spaziergang – oder einfach nur Zeit, einmal eine Stunde lang zu träumen. Nie ist genug da, immer fehlt eine Stunde, ein Abend oder ein Wochenende. Gerade noch war der Tag taufrisch, schon schlägt ihm wieder die letzte Stunde. Für alle anderen haben wir Zeit, nur nicht für die eigenen Bedürfnisse. Und dann, wenn man endlich Luft holen will, klingelt das

Telefon, die Kinder streiten, und der Partner hat noch etwas Eiliges zu erledigen, und man muß alles stehen und liegen lassen. Vielleicht hat man sogar das Gefühl, als beschleunigten Zeiträuber die Uhrzeiger immer dann, wenn man gerade nicht hinsieht. Solche heimtückischen Zeitteufelchen lauern überall: in der Warteschlange, im Telefon, in ungeöffneter Post, vor Verkehrsampeln, im Fernsehen, an Sitzungen, bei banalem Party-Geschwätz oder in Gestalt von redseligen Bekannten und Nachbarn.

Es gibt keinen Grund, sich zu schämen oder deprimiert zu sein. Wir brauchen uns auch nicht zu noch mehr Leistung anspornen oder unter Druck zu setzen. Es geht um etwas anderes. Es geht um uns – um unsere Lebenszeit. Zunächst einmal darum, daß wir ein Bewußtsein dafür entwickeln, wer oder was unsere Zeiträuber sind, die uns unsere Zeit und damit ein Stück unseres Lebens stehlen. Wenn wir erst einmal unsere kleinen Zeitdiebe identifiziert haben, dann kann man sie auch in ihre Schranken verweisen. Niemand hat das Recht, uns unsere Lebenszeit zu stehlen. Wir haben ein Recht auf unsere eigene Zeit und die Verantwortung dafür uns selbst gegenüber. Über einen Menschen, der lebensgefährlich erkrankt sind, sagt man: „Seine Tage sind gezählt." Sind nicht alle unsere Tage gezählt? Wir alle wissen nicht, wie viele uns noch bleiben. Also gilt es, mit seiner Zeit gut umzugehen. Wichtigstes Werkzeug, um dieses Recht einzufordern, ist die Fähigkeit, nein zu sagen. Nein gegenüber dem Klingeln des Telefons, gegenüber klatschsüchtigen Kollegen, arbeitsscheuen Kellnern, Werbeblöcken im TV, selbstverliebten Rednern oder einfach Menschen, die unsere Gutmütigkeit ausnützen.

Stellen Sie sich vor, eine gute Fee käme vorbei und Sie hätten einen Wunsch frei. Lassen Sie sich freie Zeit schenken und ignorieren Sie alles, was nach Ihnen ruft, die ungebügelte Wäsche, die unbeantworteten Briefe, die fälligen Einladungen. Stehlen Sie einmal dem lieben Gott Zeit, und hüten Sie sie wie einen kostbaren Schatz. Er wird sicher ein Auge zudrücken. Es kann eine Stunde oder einen ganzen Tag dauern. Worauf es ankommt, ist die Absicht, für dieses Luftholen die Welt einen Moment lang anzuhalten. Vielleicht hilft der Satz: Nichts und niemand auf der Welt braucht mich im Moment. Lösen Sie sich von der Vorstellung, „ohne mich geht nichts". So zu denken fällt sicherlich vielen schwer, ist aber am Ende wesentlich gesünder als immer für andere verfügbar zu sein. Wer sich für sich Zeit nimmt, vergeudet weniger Energie, handelt überlegter und trifft die besseren Entscheidungen. Die bewußte Entscheidung, sich immer wieder Zeit zum Luftholen zu gönnen, wird weitreichende Auswirkungen auf die Verbesserung der gesamten Lebensqualität haben.

Gut schlafen

Ein gesunder Schlaf ist die Voraussetzung für Wohlbefinden und Leistungsfähigkeit. Schlafprobleme gehören allerdings in unserer streßbesessenen Zeit zu einer der Hauptsorgen vieler Menschen. Unzählige leiden unter diesem Übel und wissen ein Lied zu singen von durchwachten, von Sorgen, Ärgernissen und Ängsten gequälten Nächten, in denen die ersehnte Ruhe und Entspannung nicht einkehren wollen. Und die Folge dieser Nächte sind schwarze, mühsame Tage. Wie verführerisch und befreiend bietet sich dann der Griff zur Schlaftablette. Es ist eine rasche, aber eben nicht gesunde oder dauerhafte Lösung. Neben beruflichen und persönlichen Problemen gibt es nämlich zahlreiche andere Quellen für Schlafstörungen wie beispielsweise Störzonen durch Wasseradern, Raumbeschaffenheit und -klima, Ernährung, Alkohol, Bewegungsmangel, Durchblutungsstörungen, Leber-, Nieren-, Gallenprobleme oder Schädigungen der Wirbelsäule. Wenn man diese Faktoren von medizinischer Seite her geklärt hat, bleibt noch die Auseinandersetzung mit persönlichen seelischen Problemfeldern, um langfristig zur Lösung des Schlafproblems zu kommen.

Eine Möglichkeit wäre, sich mit seinem Ärger zu befassen, den man im Laufe eines Tages angesammelt hat. Versuchen Sie, ihn nicht wegzumachen oder hinunterzuschlucken, sondern drücken Sie ihn aus. Am besten gelingt das durch Bewegung. Geben Sie sämtlichen Ärgerimpulsen Ihres Körpers nach und tanzen Sie einen wilden Ärgertanz. Wie ein Derwisch. Oder strampeln Sie sich frei, und lassen Sie Ihre Stimme dabei laut werden. Brüllen oder singen Sie Ihren Ärger aus voller Kehle heraus. Sie werden merken, daß es Ihnen nach wenigen Minuten leichter ums Herz wird und Ihr Körper sich entspannt.

Anschließend gehen Sie in die Entspannung. Eine bewährte Möglichkeit ist das Entspannen durch Anspannen und Loslassen.

Am besten Sie versuchen es gleich: Schließen Sie Ihre Augen, und mit einem tiefen Einatmen ballen Sie die Hände zu Fäusten. Halten Sie diese Spannung so lange Sie können, um sie dann mit einem tiefen Ausatmen wieder loszulassen.

Wenn Sie lieber mit Ihren Schultern arbeiten wollen, können Sie Ihre Schultern nach oben bis an die Ohren ziehen und mit dem Ausatmen wieder fallen lassen.

Wann immer Sie am Tag eine Atempause haben, entspannen Sie bestimmte Muskelgruppen. Beginnen Sie einmal mit der Kopfhaut – zusammenziehen, entspannen; dann die Augenlider – anspannen, entspannen; die Stirn – runzeln, entspannen; dann das Kinn – gegen die Brust drücken, entspannen und gleichzeitig die Schultern hochziehen und entspannen.

Je nachdem, wieviel Zeit Sie zur Verfügung haben, können Sie auf diese Art Ihren ganzen Körper durchwandern und sämtliche Muskelgruppen entspannen und dabei auch noch etwas für Ihre Durchblutung tun.

Probieren Sie es, Sie werden schon nach kurzer Zeit feststellen, daß Sie am Abend entspannter sind und daher auch besser einschlafen werden.

Gute Nacht und gute Ruhe!

Hilfe bei müden Augen

Wer viel liest und häufig am Computer arbeitet, kennt dieses Problem: müde oder tränende Augen und Kopfschmerzen. Die Augen werden müde oder angespannt und brauchen Entspannung und Erholung. Ein einfaches Mittel gegen diese Verspannungen der Augen ist der Blick ins Grüne – auf eine Wiese oder einen Wald – oder der Blick ins Blaue – auf einen See, einen Fluß oder das Meer. Wenn beides nicht möglich ist, können Sie auch ein grünes oder blaues Tuch nehmen und sich in diese Farben für eine Weile versenken. Selbst ein Tischtuch kann diesen Zweck erfüllen. Ihre Augen brauchen Zeit, um sich zu entspannen, deswegen gönnen Sie sich ruhig ein paar Minuten, bis die erwünschte Wirkung eintritt. Unsere Augen lieben diese Farben, weil von ihnen entspannende und klärende Wirkung ausgeht.

Ein ausgezeichnetes Rezept für müde Augen ist das „Palmieren" – abgeleitet vom englischen Wort ‚palm' für Handfläche.

Beim Palmieren werden die Augen für ein paar Minuten mit den Innenflächen der Hände abgedeckt. Die dadurch entstehende Dunkelheit ist für die Augen eine wahre Wohltat. Und so geht das: Reiben Sie Ihre Handflächen so lange, bis sie schön warm sind. Setzen Sie sich aufrecht hin und stützen Sie Ihre Ellenbogen auf einen Tisch auf. Die Innenflächen Ihrer Hand legen Sie nun auf die geschlossenen Augen. Bleiben Sie ein paar Minuten in dieser entspannten Lage. Danach stehen Sie auf, strecken und räkeln sich ausgiebig und wohlig wie eine Katze. Blinzeln Sie ein paar Mal mit den Augen. Das sollten Sie übrigens auch sonst immer wieder mal tun. Blinzeln tut Ihren Augen gut, und auch Ihre Mitmenschen fühlen sich geschmeichelt, wenn Sie ihnen zublinzeln, nur sollten Sie es nicht zu oft tun – das könnte mißverständlich wirken.

Ausmisten

Vielleicht sollte man das alljährliche Frühlingserwachen einmal wirklich nutzen und dem Gefühl nachgeben, das sich so ähnlich anfühlt wie „Bäume ausreißen". Warum nicht einmal mit Freude und Elan diesem Impuls nachgeben, ohne Gedanken an die Folgen. Man könnte seine Energie beispielsweise darauf verwenden, einmal wieder gründlich auszumisten. Das ist bei den meisten ohnehin längst fällig, also warum nicht diese Zeit des Frühlingserwachens nutzen? Schauen Sie all Ihre Schränke durch, und füllen Sie all das, was Sie nicht mehr gebrauchen können oder was Sie nicht mehr mögen, in Säcke oder Kartons. Aber eine Warnung: Werfen Sie keinen Blick zurück auf all das Ausgemistete. Sie könnten nämlich ein schlechtes Gewissen bekommen, weil Sie nicht nur Unbrauchbares oder Beschädigtes, sondern auch Gutes weggeworfen haben, das Ihnen einfach nicht mehr gefällt. Wir haben ja gelernt, daß das verschwenderisch oder undankbar sei, wenn man Gutes einfach wegwirft. Aber soll man deswegen all das Ausgemistete wieder zurückräumen, nachdem die Schränke doch so merklich entschlackt aussehen? Es gibt Lösungen für diesen Konflikt: Verschenken Sie Ihre guten Stücke an Freunde oder Bekannte. Natürlich ist es in unserer Zeit schwer geworden, jemanden zu finden, der sich über unsere gelungene Entsorgung oder Großzügigkeit freut. Die meisten sind wählerisch geworden – eine verständliche Reaktion derjenigen, die in kinderreichen Familien aufwuchsen, wo man immer die abgetragenen Kleider der älteren Geschwister auftragen mußte. Aber selbst wenn Sie nur wenige finden, die sich an Ihren Sachen freuen, so wäre dieses Weggeben Ihrer guten Stücke immerhin eine gute Einübung in das schwierige Thema des Abschiednehmens. Schließlich gibt es Institutionen, die Ihre Kleider an Bedürftige weitergeben. Üben Sie am Beispiel Ihrer ausgemisteten Kleider, sich zu verabschieden vom Gestern, damit Sie sich ohne Schlacken und ohne Verstopfung unbelastet auf das Heute und Morgen freuen können. Das ist ein Stück gelebte Askese, ein Einüben in die lebenswichtige Fähigkeit des Loslassens und Verzichtens. Vielleicht überträgt sich diese gewonnene Fähigkeit auch auf andere Bereiche Ihres Lebens. Wozu also ein schlechtes Gewissen? Neues kann ohnehin nur entstehen, wenn wir uns von Altem verabschieden.

Den Frühling begrüßen

Wer kann nicht ein Lied davon singen, was die Wechselhaftigkeit des sprichwörtlichen Aprilwetters uns abverlangt? Nicht nur unserem Körper, sondern auch unserem Gemüt. In dieser Übergangszeit gilt es mehr denn je, dem Körper und der Seele etwas Gutes zu tun. Zur Unterstützung ein paar Tips, die Ihnen die Anpassung an diese Übergangszeit erleichtern. Lassen Sie die ersten wärmenden Sonnenstrahlen auf Ihre Haut und Ihre Seele einwirken, denn noch ist die Sonne nicht zu aggressiv und daher ein echter Aufheller für innen und außen. Nutzen Sie die Sonnentage für Spaziergänge, Radfahren oder Stadtbummel! Überhaupt ist Bewegung der Schlüssel für Ihr mentales und körperliches Wohlbefinden.

Feiern Sie ein Frühlingsfest. Eine Idee, die ich selbst praktiziere, die in vielen indianischen Stämmen, Japan und anderen europäischen Kulturen abgehalten wird, ist das „Fest der ersten Nahrung" im Frühling. Zu der Zeit, wenn die ersten eßbaren Pflanzen im Frühjahr gepflückt werden können, versammelt man sich dort, wo sie wachsen, pflückt sie gemeinsam, kocht und ißt sie gemeinsam als ein Zeichen für das wiederkehrende Leben. Selbst in Japan gehen Kaiser und Kaiserin heute noch hinaus, um im Frühling wildes Gemüse zu sammeln.

Wenn Sie eine Familie oder Freunde haben, bringen Sie sie auf Trab, und gehen Sie zusammen Bärlauch sammeln. Bitten Sie alle Beteiligten, etwas mitzubringen, was als Beilage passen würde. Machen Sie sich vorher kundig, wo in Ihrer Nähe Bärlauch wächst, und suchen Sie sich ein hübsches Plätzchen. Anschließend bereiten Sie ein frisches Bärlauch-Risotto. Hier das Rezept:

Bärlauch-Risotto

für 4 Personen: 300 gr Reis, 50 gr Butter, 1 große gehackte Zwiebel, 1 1/2 l Hühnerbrühe, 100 gr geriebener Parmesan, 1 Glas Weißwein. 1 kg frischer Bärlauch, Salz

Die Zwiebeln in 1 EL Butter anschwitzen. Darauf den Reis schütten. Mehr Butter dazu. Den Reis umrühren und glasig werden lassen. Dann mit dem Weißwein ablöschen. Bei mittlerer Hitze unter ständigem Rühren die kochende Hühnerbrühe nach und nach dazugießen. Nach ca. 15 Minuten ist der Reis gar. Inzwischen die Bärlauchblätter verlesen und waschen. Portionsweise in kochendem Salzwasser 3 Minuten garen. In ein Sieb gießen, mit kaltem Wasser überbrausen und gut ausdrücken. Den Bärlauch grob hacken und unter den Reis mischen. Die restliche Butter und den Parmesan unterrühren.

Ist es nicht ein schönes Gefühl, in den Wald zu gehen und sich das zu holen, was man braucht? Und dann noch gemeinsam zu genießen. Das läßt mit Sicherheit die Tücken des Frühjahrs überlisten.

Das Wintertief

Genug von trüben Tagen, kalten Füßen, klammen Händen? Wie kommen wir über die Runden, wenn wir dem Winter wirklich nichts abgewinnen können? Der Winterschlaf ist leider nur den Vierbeinern vorenthalten, also gibt es nur eins: durchkommen. Manche Ärzte raten, in der kalten, trostlosen Winterzeit pessimistische

Zeitgenossen zu meiden und sich mit frohgesinnten Optimisten zu umgeben. Nur können sie auf die Dauer mit ihrer ewig aufmunternden Art recht anstrengend sein. Was also bleibt? Zu Hause einigeln? Sich dem Trost des Essens hingeben? Die grauen Tage mit Wein vergolden? Die Folge davon kennen viele, der Hüftspeck wächst, der Energiepegel sinkt, und die Lebenslust schwindet.

Auch wenn es schwerfällt, versuchen Sie dem Wintertief etwas entgegenzusetzen. Auch wenn Sie ein Wintermuffel sind, gehen Sie hinaus, auch wenn die Sonne nicht scheint. Laufen Sie, oder fahren Sie Schlitten. Wer beides nicht mag, sollte sich mal wieder aufs Glatteis wagen. Vielleicht gibt es einen zugefrorenen Weiher in Ihrer Gegend. Tüchtige Bewegung und Ausdruck verschafft man sich auch, wenn man einen Schneemann oder eine Schneefrau baut. Außerdem freuen sich die anderen über Ihr Schnee-Kunstwerk.

Genießen Sie auch mit den Augen die winterliche Landschaft. Probieren Sie einmal folgendes: Augen zumachen, dann wieder öffnen und sich langsam im Kreis drehen und alles anschauen, was Sie umgibt: die schneebedeckten Bäume, den Rauhreif auf den Nadeln der Fichten oder Föhren, den grauen Himmel. So öffnen Sie Ihr Herz und Ihre Seele. Sie öffnen sich für Ihr Inneres – für sich selbst.

Bringen Sie etwas Farbe in Ihre Wohnung. Eine schöne gelbe Tischdecke weckt die Lebensgeister, rote Farbak-

zente geben Kraft, und eine Bettdecke in Leuchtblau stimmt optimistisch und beruhigt. Auch wenn graue und schwarze Kleidung im Trend sind, so dämpfen sie doch die Lebensgeister, während Farbenvielfalt sie aufheitert. Auch Kerzen und Kaminfeuer sind willkommene Aufheller, die eine heimelige Atmosphäre schaffen.

In der Winterszeit sollten Sie einmal einen Rosentee versuchen: Sie mischen 50 gr getrocknete rote Rosenblätter, 1 EL Walderdbeerblätter, je 1 EL Heidekrautblüten, Melisseblätter und Eukalyptusblätter. Übergießen Sie zwei Teelöffel dieser Mischung mit einem Viertelliter kochendem Wasser, fünfzehn Minuten zugedeckt ziehen lassen und durch ein Teesieb gießen. Mit etwas Honigbeigabe hat dieser Wintertee nicht nur einen herrlichen Geschmack, er stärkt auch Herz und Nerven, was gerade in der Vorweihnachtszeit für viele eine willkommene Schutzmaßnahme sein könnte.

Genießen Sie diesen Tee, und in Ihrem Herzen wird eine wohlige Stimmung einkehren.

Das Leiden annehmen

„Umarmen Sie Ihr Leid", sagte ich einmal zu einer Klientin. Es klingt vielleicht merkwürdig, so etwas zu empfehlen in einer Welt, die von Ratgebern wimmelt, wie man sich möglichst rasch, spurlos und effektiv seiner Leiden und Kümmernisse entledigt. Ist Leiden nicht etwas Unproduktives, etwas, das die Lebensqualität beeinträchtigt? Das stimmt, wenn man Leid als ungerechtes Widerfahrnis, als Eingriff oder Strafe empfindet. Man kann Leid aber auch als einen notwendigen Teil des Lebens oder sogar als Gelegenheit ansehen, dem ein bestimmter Sinn innewohnt, den es zu ergründen gilt. Ich will es an einem Beispiel verdeutlichen: Eine Frau konnte sich nicht entscheiden, ob sie ihren Freund verlassen sollte. Nachdem ich sie fragte, ob die Entscheidung wirklich so schwer sei oder ob nicht vielmehr die Angst vor dem damit verbundenen Leiden das eigentliche Problem sei, gab sie zu: „Ja, ich will nicht leiden müssen." Wir entwickelten gemeinsam eine Perspektive, wie sie dem Leiden einen tieferen Sinn geben könnte, um ihren Prioritäten und Werten näher zu kommen. Wir sprachen über vergangene Leiderfahrungen und wie sie diese bewältigte. Wir sprachen über die tröstliche Tatsache, daß jedes Leiden ein Ende hat, auch wenn es im Moment endlos aussieht. Nachdem sie akzeptieren konnte, daß Leiden ein wichtiger Teil ihrer Entwicklungsarbeit sei, durch den sie womöglich über sich hinauswachsen könnte, gelang es ihr sogar, Chancen zu sehen, die sich durch das anstehende Alleinleben für sie eröffnen könnten. Sie würde ihren Garten wieder neu anlegen, sie würde den Hund der Nachbarin regelmäßig ausführen, damit sie etwas Bewegung bekommt, und sie würde endlich wieder einmal Zeit für ihre Familie haben, die sie in den letzten Monaten sehr vernachlässigt hatte.

Wer bereit ist, das Leiden als Reifungsimpuls anzunehmen, gewinnt an Stärke, Mitgefühl und ist dem Leben vielleicht näher als derjenige, dem Leid erspart wurde. Wer kann andere in ihrem Leid verstehen, wenn er nicht selbst gelitten hat? Gelingt es, dem Leiden Sinn abzugewinnen, so kann es zu einer wunderbaren Quelle für Kreativität, Freude und Liebe werden. Es hängt von unserer Antwort auf das Leiden ab, ob es uns in die Tiefe drückt oder uns in Höhen aufschwingen läßt, die neue Lebenshorizonte eröffnen. Es braucht Mut, sein Leid zu umarmen. Wer diesen Mut aufbringt, lernt seine Kraft neu kennen und seine Ängste und Schwächen zu überwinden. Er findet neue Wege im Garten des Lebens, bisher ungegangene, ungewohnte. Bringt er dadurch nicht etwas Wichtiges in die Welt? Vielleicht sogar ein wenig Hoffnung für diejenigen, die in ihren ausgetretenen Pfaden steckengeblieben sind, weil sie das Leiden bisher gescheut haben?

Gesund leben

Man könnte wirklich krank werden angesichts der vielen Theorien, die es zu diesem Thema gibt. Da ißt man so gern frisches Brot, bis einem der Internist den Genuß angesichts Darmunverträglichkeit verbietet. Nachdem man nun mühselig auf mehr Gemüse und Fisch umgestiegen ist, muß man plötzlich hören, daß Fischeiweiß zu Hirnschlägen führt. Endlich hat man es nun geschafft, rein vegetarisch zu leben, da liest man, daß das Gemüse genmanipuliert sei. Nachdem man nun feststellt, daß eigentlich alles ungesund ist, was einem bisher heilig war, findet man dann noch in den einschlägigen Fachzeitschriften, daß es keine wissenschaftlichen Beweise gibt, daß sogenanntes gesundes Essen das Leben entscheidend verlängern würde. Da bleibt eigentlich nur noch das Fazit: Vielleicht kommt einem das Leben dann wenigstens länger vor, wenn man auf all das verzichtet, was man so gern hat!? Denn die Zeit wird in der Tat lang, wenn man nicht wie bisher sein Gläschen Wein trinkt oder auf die geliebte Käseplatte verzichtet oder nur noch Sojamilch trinkt. Vielleicht ist das die Lösung, man übt sich im Verzichten, und das Leben wird endlos lang – aber vielleicht auch langweilig. Also Sie haben die Wahl – gesünder leben heißt: Das Leben kommt einem länger vor. Das ist ja immerhin etwas.